推云记

陪伴是最高级的教养

魏　亮/著

河海大学出版社
HOHAI UNIVERSITY PRESS
·南京·

图书在版编目（CIP）数据

推云记：陪伴是最高级的教养 / 魏亮著. -- 南京：河海大学出版社，2021.4

ISBN 978-7-5630-6889-0

Ⅰ. ①推… Ⅱ. ①魏… Ⅲ. ①家庭教育 Ⅳ. ①G78

中国版本图书馆CIP数据核字（2021）第047615号

书　　名　推云记——陪伴是最高级的教养
书　　号　ISBN 978-7-5630-6889-0
责任编辑　张陆海
特约编辑　王丹妮
特约策划　王美元
特约校对　高尚年
封面设计　张育智　刘冶
出版发行　河海大学出版社
地　　址　南京市西康路1号（邮编：210098）
网　　址　http://www.hhup.com
电　　话　（025）83737852（总编室）　（025）83722833（营销部）
经　　销　江苏省新华发行集团有限公司
排　　版　阿尔法文化
印　　刷　三河市兴国印务有限公司
开　　本　880毫米×1230毫米　1/32
字　　数　200千字
印　　张　10.125
版　　次　2021年4月第1版
印　　次　2021年4月第1次印刷
定　　价　58.00元

教育的本质意味着一棵树摇动另一棵树，一朵云推动另一朵云，一个灵魂唤醒另一个灵魂。

——[德] 雅斯贝尔斯

推云记

陪伴是最高级的教养

魏　亮／著
姚楚卿／插图

前　言

2010 年 7 月 10 日，在宝贝一岁十一个月零十六天的时候，我写下了我的第一篇博客文章。最初是想每周一篇记录下宝贝成长过程中一些有意义的瞬间，等她长大了可以知道自己小时候是什么样子。但毕竟工作繁忙，难以做到一周一篇，后来姥姥回西安，爸爸外派成都，只有我自己带孩子，很快就连这偶尔的记录也停了，因此博文最后更新截止于 2016 年 11 月 16 日。

时间一晃而过，宝贝 12 岁了，在为她准备 12 岁生日礼物时，我想到了这些博文，想把它们集结成书，作为一个特殊的礼物送给她。我相信在她读完这些博文之后，文中所记录下的美好点滴，不仅会丰富她的成长记忆，更会成为她未来成长历程中的动能因子，去帮助她创造更多的美好与精彩。

博文内容涉及育儿理念、游记、日常生活等，此次出版基本保持原貌，因为我希望宝贝看到原汁原味的儿时记忆。此书全部博文按时间自然排序，即使有行文不完美之处，我也尽量保留原来的叙述方式，仅对错别字进行了改正。比较特殊的是，我从 2010 年 7 月 16 日开始单独记录的“语录”板块，记录了宝贝的一些童言稚语，这些话从大人嘴里说出来也许不足为奇，但从孩子嘴里说出来却别有韵味。因此，本书分“成长故事”和“童言稚语”两大部分，是在 219 篇博文基础上各精选了 100 多个有借鉴价值的成长故事和语录故事。

整理的过程让我又重新快速地回顾了宝贝这些年的成长过程，这中间既有快乐、美好，也有劳累、迷茫，但更多的是惊喜和欣慰。惊喜于孩子一天天的变化、成长，欣慰于她一天比一天更懂事，更优秀。她在一天天成长，并将用她的方式融入这个世界，书写自己的人生。孩子的人生也许是我们所期望的，也许并不是我们所熟知的，但一定是更美好的。

应该说，陪伴孩子成长的过程也是我成长的过程。我得女已是中年，第一次做妈妈，一切都在学习中摸索，不断地完善自己，修正自己；学习如何跟孩子相处，如何跟自己相处；接纳孩子，接纳自己。在这个过程中，我收获颇多，也终于跟自己内心的小孩和解。就像面团的二次发酵一样，做父母让我也经历了人生的第二次成长和成熟，变得更加宽容和坚强，能够接纳人生的不完美，能够扛得住世间风雨，也能耐得住寂寞，等得了花开。

德国哲学家雅斯贝尔斯说，“教育的本质意味着：一棵树摇动另一棵树，一朵云推动另一朵云，一个灵魂唤醒另一个灵魂。”父母的教育责任就是在日常生活的一点一滴间，用爱和耐心去摇动、推动和唤醒孩子的成长。这也是我把这些故事公开发表的原因，希望更多第一次做爸爸妈妈的读者朋友，能够从我和宝贝的成长故事里汲取一点经验或者教训，能够更有智慧地陪伴孩子共同成长。

感谢我的宝贝：谢谢你带给我的快乐与惊喜，因为你的到来，让我的生命更丰富、更精彩、更有意义！

2020 年 7 月 24 日

目录

成/长/故/事

鹅和鸭农庄的周末 / 2
西安回来 / 4
巧吃榛子 / 5
偷偷上班 / 6
每一个妈妈都爱女儿 / 8
重情重义的小丫头 / 11
开会归来 / 13
不敢打电话 / 15
第一次说对不起 / 16
回奶奶家 / 18
吃葡萄 / 21
期待惊喜 / 24
我得第一了 / 26
摘柿子 / 28
可心厉害吧 / 30
猜谜语 / 32
随感 / 34
爸爸的幸福 / 36
圣诞树 / 38
姥姥的生日 / 41
艰难的选择 / 45
可心勇敢 / 48
可心好了 / 53
阿姨别走 / 56
因为妈妈在 / 58
第二场春雪 / 61
温暖 / 63
第二次霰粒肿 / 64
医院真可怕 / 67
可心讲的第一个故事 / 68
公园一日 / 69
榜样的力量是无穷的 / 72
劳动节爱劳动 / 75
春天是生长的季节 / 77
我要回北京 / 80
可心爱爸爸 / 82
意外收获 / 84
牛顿是放牛的 / 86
妈妈上班挣钱去 / 87
北戴河 / 88

游泳 / 91
外面的世界真美妙 / 94
自己睡 / 97
每一步成长都让我如此惊讶 / 99
等妈妈一起吃 / 101
地球为什么是圆的 / 102
第一次使用压岁钱 / 103
喂鱼 / 104
小孩的问题都是大人的问题 / 106
爸爸的信 / 109
幸福来得太突然 / 110
给你留的 / 112
大连游 / 114
真放假了 / 118
寻找萤火虫 / 120
老师会不会不认识我了 / 123
累 / 124
不赖床了 / 127
感谢老师 / 128
人要对自己的行为负责 / 130
零食 / 132
过年 / 134
汉中游 / 137
打麻将的收获 / 141
妈妈，我给你敲敲背 / 142
期待长大的童年 / 143
我是给你尝的 / 145
看风景时你也是别人的风景 / 147
六一的进步 / 149
端午粽子香 / 151
忙碌的周末 / 153
只要一个吻 / 155
运动健将 / 156
大班第一周 / 158
顺利入园 / 163
开书店 / 165
美美的我们俩 / 167
饺子事件 / 169
可心上班里的新闻角啦 / 171
谢谢你做我的女儿 / 173
生命是最重要的 / 175
情商 & 智商 / 176
想喊爸爸了 / 177
可心第一次摆摊儿 / 179
毕业教育 / 182
跟妈妈一起培训 / 184
准备上学 / 186
角度不同 / 188
我要跑得更快 / 189
第一次考试 / 192
我不想说不高兴的事 / 194
她相信我，我当然要做好 / 196

自信正逐步回归 / 198
2014 的转变 / 200
考试 / 205
9 月 21 日 / 207
我超越了自己，就想大喊一声 / 209
压岁钱计划 / 211
作业趣事 / 213
要教会不要代替 / 215
装傻充愣也是妈妈的必修课 / 217
那是爱你不是爱我 / 219
可心的诗 / 221

童 / 言 / 稚 / 语

可心会说话啦 / 226
可心在 / 228
新娘子 / 229
我是…… / 230
等可心长大了 / 232
我好孤单 / 234
喊救命 / 235
妈妈喝，给爸爸 / 236
想与不想 / 237
人类的好朋友 / 238
臭爸爸也要给他吃 / 239
爸爸像刺猬 / 240
领导又催了 / 241
再吃一块就有劲儿了 / 242
反义词 / 243
喝粥过大年 / 244
我说话算数 / 245
爸爸能找到路吗 / 246
冰激凌 / 247
我要去打工了 / 248
我不喜欢你这样说话 / 249
老人吃咸的，小孩吃甜的 / 250
还是停停车场吧 / 251
姥姥会说你的 / 252
从一数到三十 / 253
我的乖女儿 / 254
我回老家了 / 256
嫦娥今天穿了件蓝色的衣服 / 257
爸爸为什么不干活 / 258
不让妈妈老 / 259
过大年，吃大餐 / 260
西安休假奶奶 / 261

又细又长的腿 / 262
再买点辣椒 / 263
我们农村 / 264
老师是不是特别喜欢我 / 265
唐山大地震 / 266
阳光和水 / 267
我要当王后 / 269
幸亏咱家有药 / 270
还有领导 / 271
风是风筝的朋友 / 272
姥姥怎么这么周到啊 / 273
男生简单女生复杂 / 274
我就是偏心眼儿呗 / 275
妈妈请喝水 / 277
第零漂亮 / 278
自己的事自己做 / 279
消化系统太着急了 / 280
滑的像滑梯，粗糙的像树皮 / 281
我环游世界去了 / 282
我是高管 / 283
人生为什么这么苦 / 284
白毛巾 / 285
我不是你的女儿吗 / 286
看看我的这个傻妈妈呀 / 287
不许幸灾乐祸 / 288
牙是我的，你怎么知道 / 288
我只是个普通的五岁女孩 / 289
你那叫做饭吗 / 290
礼尚往来 / 291
妈妈好鱼 chun，爸爸好好 ya / 292
你们喝酒还爽了呢 / 293
我再画一张 / 294
这是你应该做的 / 295
还是一家人在一起好 / 296
统治力 / 297
交流的困境 / 298
这样说合适吗 / 299
因为你想休息了 / 300
你发火的时候像个疯子 / 301
生活真幸福啊 / 303
再买套房吧 / 304
我的理想 / 305
因为我相信你说的话都是真的 / 306
你都不爱自己的孩子还爱工作 / 307
让他睡个自然醒吧 / 309
你能不当那么大的官吗 / 310

成长故事

鹅和鸭农庄的周末

（2010-08-16）

这个周末，我们去了郊区怀柔的鹅和鸭农庄，除了我们一家5口，还邀请了张阿姨一家和河南来京的王阿姨。

这个农庄几年前就听说了，但是一直没有去过。它是一个几乎原生态的农庄，占地3000多亩，自然气息浓厚，树林成片，果园一个挨着一个。它跟其他的旅游度假村不太一样，因为它从外面看起来几乎完全是原生态的，草坪没有修剪，树木没有整形，道路没有美化，房屋大多都是木质结构的，好像一个大农家院一样。但是从内部来看，它又具有很多西化的元素，比如房间内部的设置和装饰，公共活动区域的设计，娱乐项目的安排，以及晚上的爵士乐演奏等，都迎合了普通游客对一个度假村的基本的景观与娱乐预期。

可能是人多的原因吧，可心玩得非常开心，以至于舍弃了每天中午到点就睡三小时的午觉。我们在屋外的游泳池边上摆好桌椅，沏上茶，再洗点水果（就在旁边果园买的），本来想等可心睡觉后打打牌、游游泳的，可是她一直不睡，我们也就只好不断开发适合她玩的项目，先是照相，换了有四五套衣服，摆不同的姿势，选不同的背景，还要换不同的“配角”；相照烦了再放风筝，舞台表演、捉虫子、捡树叶、蹦高、打网球，走游泳池边沿，还让爸爸提溜着在游泳池里涮了一下。反正是就地取材，有啥玩啥，好在在这样一个环境里，样样东西对可心来说都是新鲜的，充满了刺激，所以兴奋得不得了。到晚饭前，她虽然已经累得走路腿都打软了，可还是疯玩得不想进屋，更别说睡觉了！

刚开始，可心跟大家还比较生，所以总是羞答答的，也不爱说话，后来熟了，也让叔叔抱着去摘果子了，也跟阿姨追逐着做游戏了。直到昨天回到家，还兴奋着呢，中午就在车上睡了半小时，一个下午嘴都不停地念叨着，在屋里来回地跑着、跳着、走着，仿佛还沉浸在一大堆人围着她转、逗她玩的情境之中。哎，要说现在的孩子也可怜，连个玩伴都没有，天天在家里面对的都是这么几个无趣的大人；看的都是整齐划一的环境景观，哪有这么个纯天然的农庄有意思啊。

以后只要天气允许，看来应该每周都带可心出来玩玩，而且，还得找个年龄相当的孩子一起。

西安回来

（2010-08-19）

去西安两个月，给可心最不好的影响就是她一步都不愿意离开妈妈，惟恐妈妈一消失就很久都见不到，妈妈回家，可心寸步不离；妈妈每天上班，无论怎么讲道理。可心都不同意，每天都是大哭着被阿姨或姥姥强行抱走；晚上睡觉也是一样，必须搂着妈妈脖子，脚还要踩在妈妈手上才能入睡。这两天更甚了，晚上干脆不睡！

昨晚洗过澡，我说："可心睡觉吧。"

可心："不睡觉不睡觉！"

"可心为什么不睡觉？"

不语。

"是不是想玩？"

"不是。"

"是不是怕妈妈走？"

"嗯！"……

巧吃榛子

（2010-08-23）

家里有一袋小榛子，周末没事时姥姥和保姆阿姨坐着聊天，一起剥榛子吃。可心看见了，也抢了一把，可是她劲小剥不开。姥姥说："可心别剥了，姥姥剥了给你吃。"我赶快过去想拿回可心手里的榛子，怕把她的指甲剥坏了。可心不给，抢夺中，一粒榛子掉到地上，因为摔得很重吧，它自己裂开了。可心看到后，先是一愣，接着万分欣喜地捡起那粒摔裂后蹦出来的榛子仁，高兴地吃了。

我正想制止可心这种不讲卫生的行为，她却突然满脸坏笑地把手里的榛子又往地上扔了一粒，然后满怀惊喜地看着它裂开，蹦出一个榛子仁，捡起来吃了。然后又扔一粒！

我们看得都大笑起来。估计亿万年之前，原始人类就是这样慢慢发现自然规律并逐渐掌握它，然后用来改善生活的吧。

这家伙，会动脑子了！

偷偷上班

（2010-08-30）

早上我趁着可心还没醒，蹑手蹑脚地起床、洗漱、更衣，正打算去上班的时候，可心像有心灵感应似的，突然从床上爬起来喊："妈妈！妈妈！"我犹豫着，不知道该一走了之还是跟她打个招呼再走。姥姥和阿姨赶紧过去，要给可心穿衣服，喝水。可心一概不领情，只喊着："要妈妈，要妈妈。"不穿衣服，也不喝水。但是没有哭，我放心了，于是狠狠心，打算走。可是轻轻地刚一动，没想到还是被可心听到了，立刻从床上蹦起来，向着门的方向张望着，充满了惊喜地喊"妈妈！"就像猫发现了老鼠一样。我呢，也只好赶快像被猫发现的老鼠一样隐匿起来，更加小心谨慎地选择不被她发现的路线走到门口，拉门出去了。我贴着门听了听，没有哭声，这才惴惴不安地下楼走了。

这是第一次在可心醒着的情况下偷偷走掉去上班，虽然姥姥每次都会示意我偷偷走掉，但我不愿意，一般都会明确地跟可心说妈妈要上班，要走多长时间，什么时候回来，从可心还听不懂的时候，就不厌其烦地跟她解释，"每个人长大了都得上班，可心长大了也一样"。就是想让她顺理成章地接受这个事实，明白人生有很多事是我们不得不做的，有的是义务，有的是责任。

一方面，我们生活的这个世界是如此美好，人生充满了精彩和惊喜。但另一方面，我们并不能随心所欲，都有必须承担的义务和责任。虽然每个父母都希望自己的孩子能生活在童话世界里，只有美好没有丑恶，只有呵护没有伤害，只有友爱没有排挤，只有给予没有掠夺，只有愿意没有被迫，我也一样，希望孩子的人生美好而顺利。但是现实是残酷的，每个人都会有不得不面对现实的一天。家长的能力有限，不可能永远让孩子生活在理想社会中，所以，我选择尽量告诉孩子真实的世界，好让她从小就有应对现实的承受能力，并且知道如何保护自己和应对现实，当然，告知的时间和时机家长应进行选择并尽量掌握好。

我认为这才是真的对孩子负责。这也许会降低孩子的幸福感，甚至还有些残酷。但我更希望孩子勇敢坚强，能够在这个希望与失望、快乐与痛苦并存的世界中找到自己的位置，快乐健康地成长，并且为社会和世界变得更加美好而尽力。

每一个妈妈都爱女儿

（2010-09-02）

昨天下午回家，我刚进门抱着可心坐到沙发上，姥姥就端了一个小碗过来："快吃，快吃！这是我中午给可心做的菜饭，第一次尝试着做，味道不错！这是给你留的！"接过来一看，果然色香俱全，没料到可心一把抢过勺子，自己吃了起来。我当然没问题啦，可心吃比我自己吃还高兴呢，更何况看她自己拿勺挖饭吃得眉飞色舞的样子，真是享受呢。可是姥姥不干了，冲着我直说："你快吃嘛，可心中午吃过了，刚才还喝了150（毫升）的奶，她不饿！"在吃饭这个问题上，我觉得应该让孩子自己决定，想吃就吃，不想吃绝不勉强。只要她还愿意吃，就说明她没吃饱。所以我嗯嗯地应着，但并没动，还是端着碗让可心自己吃。等了几分钟，见还没有动静，姥姥又说了："你快吃呀！"我还是没有动，姥姥终于急了，"可心，给你妈吃！"可心还是不放勺子，"你又不饿，一会儿还有好吃的呢，把这个给你妈！"这回我急了："妈，你就让可心吃吧，我这么大个人能跟她抢吃的吗？我吃啥不行？饿着都没关系，她吃比我吃还让我高兴！"旁边保姆插话了："姐，你想让你女儿吃，阿姨也想让她女儿吃啊。今天做得少，阿姨自己都没舍得吃给你留的。明天咱再做点呗。"

植物习作　绘画·姚楚卿

保姆的话说得我们都笑了，是啊，哪个妈妈不爱自己的孩子呢，母亲的心都是一样的。

我的母亲不仅爱她自己的孩子胜过爱她自己，她把这种爱还延伸到了孩子的孩子。在我姐姐和弟弟的孩子们的成长过程中，都倾注了我母亲无限的心血。到我女儿出生，她又克服自己 76 岁的高龄和身体的种种不便，每天对可心在生活上给予细致入微的照料，在心理上滋以宽厚无私的爱，让可心可以快乐健康地成长。

感谢妈妈给予我的无私的爱！同时，我也替我的女儿感谢姥姥舍己无私的爱！

重情重义的小丫头

（2010-09-07）

可心是个很重感情的孩子，不仅是对妈妈，对她身边的每一个人，凡是付出了真情的，她都以真情回报。

前天，保姆阿姨的儿子来北京了，可心爸爸陪阿姨去接她儿子，可心一看他们不在家，就不停地问：“阿姨呢？”“爸爸呢？”在我告诉她去向之后，刚过去5分钟，她又问：“阿姨呢？”“爸爸呢？”此后就基本保持这个频率，重复这几个字。到吃饭的时候，又冲着阿姨的房间喊：“阿姨，吃饭！”昨天，阿姨去看她儿子，没回家睡觉，可心又是如此，不停地喊阿姨。

一次，阿姨正在厨房做饭，可心非要进去，阿姨就拉着可心出来了，说：“可心，厨房危险，不要进去！”过了一会儿，阿姨进厨房去，可心看见了，拉着阿姨就往外拽，还说：“阿姨，出来！厨房危险！”这么小的孩子就知道推己及人，己所不欲勿施于人的道理，真是难得！感动得阿姨抱着可心亲了又亲。

几天前的一个早上，下着小雨，我上班走的时候可心不让，一直送到楼门口，我跟可心约好下午可心拿伞到楼门口来接我。可是那天下午下班时耽搁了，回家比平时晚了一个小时左右，车开到楼下，赫然看见可心和姥姥还有阿姨站在楼门口，姥姥说：“你娃咋说都不回家，就站在这里不走！”我看见可心满脸凝重的表情，也被深深地震撼了，可心是没有忘记早上和妈妈的约定，是在等妈妈啊。

真是个重情重义的小丫头！每每想起这些，我都想赶快回家抱抱可心，看着她靠着妈妈那么惬意地笑，那么踏实安心地入睡，对我来说真是种享受呢。

水彩习作《天鹅》 绘画·姚楚卿

开会归来

（2010-09-13）

我几天不在，回家的那天下午，可心还在睡觉。我坐在她床边，静静地看着她熟睡的面庞，长长的睫毛微微弯曲着，小巧的嘴巴似闭非闭，鼻翼轻轻翕动，脸蛋上的绒毛在光影下清晰可辨。我俯下身温柔地拥抱着她，脸贴着她的后背，倾听着她心跳的声音，不禁有种感动在心底荡漾。听姥姥说，可心很乖，每天说起妈妈，都会说："开会去了，后天就回来了！"她还没有弄明白今天明天后天的概念，所以天天都说的是后天，那种期待与控制期待的能力让大人都感动不已。

一会儿，可心醒了，见妈妈在身边，惊喜让她的眼睛都笑弯了，一下子投入我怀里，紧紧地抱着我的脖子，脸贴着脸，还亲了一下我的嘴巴！为了不食言，我特意从冰箱里给可心拿了一个小冰激凌，这是她的最爱，可心吃得满嘴满脸都是。从看见我的那一刻开始，可心就不要姥姥和阿姨了，到晚上，连爸爸也不要了，也不下楼了，只拉着我一个人的手，在屋里散步。而且哭了若干回，都是别人想把可心从我旁边带走的时候。不过，到第二天早上，我要上班去了，可心终于又恢复了当初的大气豪迈，我说要上班，她就马上举起手跟我再见，虽然嘴里念叨着"买冰激凌！”但，毕竟，又开始接受妈妈每天上班这个事实了。

可心真棒！你是个坚强的孩子，妈妈为你骄傲！不过，本周，爸爸妈妈都要出差了，你准备好了吗？

彩铅习作《动漫人物》 绘画·姚楚卿

不敢打电话

（2010-09-20）

出差五夜四天，我终于回家了。在外的每一天，都想着我的宝贝，但是，我只打了一个电话，给保姆发了一条短信。不是我无情，是我不想勾起可心对妈妈的思念，以免让她伤心。

上周二晚上走的时候，可心可乖了，把我送到楼下，挥挥手，满脸微笑与豪气地跟我说再见，让我“去开会，给可心买冰激凌。”可到晚上十点多，姥姥打电话给我的时候，本来可心都已经迷迷糊糊快睡着了，一听是妈妈，立刻夺了电话过去，抱着电话大哭不止，我在电话里说什么都不干，姥姥在旁边怎么劝和威逼利诱也都没用，就是抱着电话哭喊妈妈，听得我肝肠寸断，恨不得立刻飞回可心身边。母女两人在电话两边呼唤与哭喊十来分钟，终于以姥姥强行挂断电话而告终，我一路担心，却再不敢打电话回去。直到第二天早上才给保姆的手机发了个短信。

昨天回家，刚一敲门，就听见可心咚咚咚光着脚跑过来，还边喊着：“谁呀？”然后是期待与不相信混合的自言自语：“是妈妈？”等开了门，果然是妈妈，激动得眼睛都笑成了一条线！然后紧紧地搂住我的脖子，脸贴着脸，也不说话，母女俩静静地享受着这个贴心的时刻。

第一次说对不起

（2010-09-25）

9月21号是个值得记住的日子，可心在这一天第一次说出了对不起。

说是第一次，并不是说可心不会说，她现在几乎是什么话都会说，不仅会学着说，更会自己思考、自己组织着说。但是以前她做错了事，无论怎么威逼利诱，她就是不肯说对不起，就是不道歉，逼急了，她就拉着我的手说“妈妈说”。为这事，我也很着急，怕她没有道歉意识，将来会导致她性格中过多强硬的成分，而且会不会形成不愿承担责任的习惯啊？为此，我经常抓住一切机会，向她灌输人做错了事不可怕，但要为此道歉并勇于承担由此而产生的后果的概念。有时，可心会指出我们的错误“妈妈做错了”，或者“阿姨做错了”，每当这个时候，我和阿姨都会特别重视地说：“啊，对不起，妈妈/阿姨错了，下次改正！”用这种示范的方法，我们演示了若干次。终于，一个月了吧，可心第一次说出了“对不起”这个词。

事情是这样的。21号，中秋节放假的前一天。晚上，可心又开始了睡前“疯玩”的阶段，几次叫睡觉都说不，后来我说明天要去动物园玩，要早早地去，如果现在不早睡的话，明天起不来，那就不能去了。可心立刻同意去睡觉。阿姨就过来抱可心，可心可能是希望妈妈抱她吧，所以就使劲推阿姨不让抱，但我那天腰疼不能抱，阿姨是知道的，所以她就特别尽职地坚持要抱可心，于是可心急得打了阿姨一下。我看到马上制止了可心，训了她两句，可心臊眉耷眼地噘起了嘴巴。我让她跟阿姨说对不起，不说。又讲道理，还是不说。我又开始跟可心讲阿姨对她的好，从早到晚帮可心都做了什么，一一说给她听，终于，可心耷拉着眼睛跟阿姨说："对不起！"阿姨高兴得一把抱起可心说："没关系，没关系。"

人生无论贫富贵贱，有两样东西绝不能没有，那就是感恩之心和承担责任的勇气。感激所有给予我们帮助和爱的人，谨慎地选择自己的行为并为自己的行为负责，正视自己的错误并勇敢地承担一切后果，这样的人就是一个大写的人！

可心，妈妈希望你将来能够成为这样的人！

回奶奶家

（2010-10-08）

十一放假带可心回了趟奶奶家，自从去年八月奶奶回家后，可心再没见过奶奶，而且，从出生到现在，可心还没见过爷爷和叔叔呢。

放假出京路上爆堵，竟然开了9个小时才到（回来时才开了5个半小时）。可心对长途坐车充满了好奇，在后座时躺时坐，跟爸爸妈妈不停地贫嘴，饿了就吃，渴了就喝，困了就睡，不哭不闹，还不时让我们两个大人开怀大笑一下，给爸爸开车提神，给妈妈照顾她打气。

可心坐在我腿上，突然用两只脚丫子开始鼓掌，我问怎么了，可心说“给爸爸鼓掌。”我问为什么，可心说“爸爸开车真棒！”说得爸爸一身的疲劳顿时一扫而空，这小丫头真会拍马屁！过会儿堵车，可心又鼓掌，我问给谁鼓掌，可心说“给妈妈。”问为什么，可心答“妈妈开车真慢！”我真是冤枉！

我问可心还记得奶奶吗，可心说记得，跟真事似的，还说记得爷爷！可真到了家，奶奶到车门跟前一叫“可心”！可心立刻吓得哇哇大哭，认生胆小的本性暴露无疑。好在后来慢慢找到了感觉，让奶奶抱了。估计开始说记得奶奶爷爷云云，都是指的姥姥和姥爷，因为按西安习惯，平时管姥姥姥爷也是叫奶奶爷爷的。

奶奶家有四个小孩，可心跟他们玩得可开心了。尤其是姐姐，可心屁颠屁颠地天天跟在后头，每天睡前醒后都要喊姐姐姐姐。出去玩的时候，跟爸爸的一些朋友的孩子，可心也玩得很融洽，在同龄孩子面前，她也不害羞了，也不认生了。爸爸说可心就缺这么个环境，还真是的，跟孩子在一起玩，可心的胆量和开朗的性格都能锻炼出来。

有一天，奶奶做卤面，蒸出来的面条一根根的比较干比较硬，我给她盛了些准备喂她。可心看见了，大喊一声："蛇怪面条！"大家都不明白啥意思，我知道这是她比较喜欢的一本故事书里的一个情节。可心吃得可香了，盛了三次呢。不知是面条真的合她的口味呢，还是她终于吃上了自己想象中的"蛇怪面条"，所以特别开心。

小姑家有一个装粽子的小竹筐，可心很喜欢，天天背着在客厅转悠，还一边转悠一边唱采蘑菇的小姑娘，可惜没见着蘑菇。爷爷种了些玉米，可心也很喜欢，于是就拿了些玉米棒子装在竹筐里，权当自己采的，只是没唱采玉米的小姑娘。爸爸教她把玉米粒都剥了下来，有半筐玉米粒吧。可心坐在沙发上，搂着竹筐，抓起一把玉米粒，举起手，松手，让玉米粒自然地从手中滑落，又落在竹筐里，高兴地听着那噼噼啪啪的声音，说："下雨了。"我很惊奇，看着她没说话，她又说："下雨啦！"同时边扬手撒玉米粒边用眼睛示意我。我惊奇极了，从来没有这么给她示范过，她却能从下雨和扬玉米粒这两个相差如此之大的事件中找出它们的共同点！

奶奶一家说话声音都很大，我们刚回家都不适应，连可心爸爸都经常说小点声小点声。走的前一天晚上，一屋子人坐一起聊天，大姑说："可心，春节再回来好不好？"可心说不。大姑问为什么，可心说："太吵！"大姑很尴尬，又问："那大姑去你家行不？"可心说不行，问为什么，答："人太多！"惹得大家爆笑不已！两岁的小丫头说话这么一针见血！看来可心说话虽然比有些孩子晚，现在可是迎头赶上了，表达能力突飞猛进，已经是个小大人了。

出去几天，感觉可心长大了不少。上次从西安回来也是这样的感觉，看来孩子还是要多接触外面的世界，才能成长得更快。

吃葡萄

（2010-10-13）

可心最近对姥姥很不友好，吃东西时总说不给姥姥吃，玩的时候看见姥姥来就说不给姥姥看，出现这种现象有一个月左右了。开始我没在意，以为就是小孩子随口说说而已，可是当第二次、第三次出现的时候，就不得不引起重视了。

白天就姥姥和阿姨跟可心在家，阿姨只管把孩子看住了，在可心淘气时姥姥说她最多，再加上姥姥毕竟年纪大了，人说老小孩老小孩，就是说人老了其实跟小孩的性情是一样的。因此，姥姥说可心的时候经常是用的跟可心同样的语言和方式，有时候像两个孩子在吵架。这就降低了姥姥在可心心中的威信，她对姥姥的话首先是不听了，其次觉得与姥姥有了对立情绪。

发现这种倾向后，我们赶快采取了紧急措施，因为这一会伤姥姥的心，二会助长孩子不好的习惯。我们首先约定当可心再出现这种情况时要坚决制止，不能用玩笑方式助长她这样做。其次是美化姥姥在可心心中的形象，姥姥远离故土西安和西安的亲人，跑到北京来无私地把她的一腔爱心给了可心，说这个可心可能还听不懂，不过每当她想吃个什么的时候，我们都会跟她说“妈妈、爸爸、阿姨没有，你去找姥姥给你变一个！”每次姥姥都能给可心“变”出一个好东西来，所以可心对姥姥的依赖度立刻提升。最后，给她灌输姥姥是妈妈的妈妈的概念，让她知道要是对姥姥不好，妈妈就对你不好。可心终于慢慢改变了。昨天晚上，我回家时带了箱朋友从山东寄来的葡萄，洗完一起吃，可心抱起盆子说“不给姥姥吃了”！我立刻变了脸，很严肃地对可心说：“姥姥是妈妈的妈妈，你爱妈妈吗？妈妈也爱妈妈，可心要是不给姥姥吃就不是好孩子！妈妈也不给你吃葡萄了！”可心一听也变了脸，拉着脸，瘪着嘴，一脸委屈地看着妈妈，眼泪在眼眶里打转转，等着我哄她。我没哄，也制止了阿姨哄她。过了很久，可心终于把盆放下了，我赶快表扬了她，又让她喊姥姥来吃葡萄。姥姥说不吃了，她吃饱了，我赶快把姥姥叫过来，说：“这葡萄你一定得吃，这是可心特意留给你的。”姥姥很高兴，说谢谢可心。可心也很高兴，还说了不客气。然后祖孙俩高高兴兴地吃起了葡萄。

这个事件让我感悟很多，其一，孩子的错是难免的，但孩子的错是无心的，关键看大人怎么引导。其二，在孩子错的时候，对孩子的错不能姑息，不能心软，要坚持一种态度。以前我有时管可心的时候经常忍不住笑，后来发现她权当跟她玩了，根本不在意。这次没有在她委屈伤心的时候改变态度，她就转变了。其三，大人要态度一致，否则给孩子造成混乱，不知道哪个是对的。其四，对孩子好的品质的塑造要从生活中的点滴小事开始。

彩铅习作《葡萄》 绘画·姚楚卿

期待惊喜

（2010-10-22）

两个晚上没回家了，不知这三天可心过得可好？

今天中午开完会，下午又回到单位。本来归心似箭，想回家看看几天不见的可心，但几天没来单位，也怕有事，还是先回了单位。唉，真是人在江湖身不由己。

昨晚会议结束得早，晚上也没啥事，打电话回家，跟姥姥说话的时候，听见可心跟阿姨在旁边疯玩的声音，竟然投入得都不想接妈妈的电话，我一下就放心了。前天早上从家走的时候，可心也是没打任何磕绊，挥手就跟妈妈再见，觉得不够好玩，又抬起脚来挥了挥跟妈妈再见。现在只要跟可心说清楚离开的时间和回来的时间，以及离开的理由，她虽然不乐意，但已经可以坦然接受妈妈暂时的离开，而不会过分恐惧了。这一是她的进步，心理承受能力增强，二也是她每天都能够正常享受到母爱，所以才不会像从西安刚回来时表现的那样恐惧。

今晚回家，不知可心会不会又激动得睡不着觉？最近她睡得很晚，可能因为爸爸妈妈都回家比较晚的原因吧，正常应该睡觉的时间可心总是觉得没玩够，在爸爸妈妈跟前撒娇，一起做游戏，眼皮都打架了还是强忍着，总是拖到 11 点之后才入睡，这还是全家都黑着灯一个多小时才能做到的，否则更晚。有一次竟然坐在马桶上靠着妈妈就睡着啦。一直很担心她这样不利于发育，今天看到一条消息“睡得晚的人智商高”，哈哈一笑之余，权当对我们担心的一个安慰吧。今晚能早睡吗？只能是愿望吧。帮孩子逐步养成良好的生活习惯，真是任重道远啊。

今晚回家，可心又有什么样的惊喜要呈现给妈妈？可心学东西可快了，几乎每天，她都有新的进步，常常让大人惊奇于她的表现。最近喜欢画画，而且能把圆画成闭环，能像模像样地画出一条简易的鱼，还会画蛇呢。把家里沙发的一面全给画花了，还学会了给手指上画个小人（她只能画些线条）吓唬人呢。

几天不见，今晚回家，女儿又会给妈妈多少惊喜呢？我期待着。

我得第一了

（2010-11-01）

上周五下班前接到姥姥的电话，提醒我回家后可心告诉我一个好消息后一定要跳起来，因为可心说："妈妈知道我获奖了，会跳起来的！"

回家后才知道，周五下午有个早教机构到小区来做宣传，组织孩子们做游戏，一共有两个游戏，都是带有竞赛性质的，小区里有 70~80 个孩子参加了，可心是第 65 号，第一个游戏搭积木，可心没轮上。第二个游戏拼图，要拼 7 个图案，都是动物的，先在起点拿了部件，走过一个独木桥（有老师扶），再到桥对面在一个大画板上拼起来。开始阿姨还担心可心胆子小，不敢参加，因为不允许家人陪着进入活动场地。没想到可心很勇敢，高高兴兴参加了比赛，也让那个陌生的老师扶着过了独木桥，还很快完成了拼图。据阿姨说，可心都拼完了，旁边的小朋友还有三个动物没拼呢。每个组只奖励第一名，可心是拼图组的第一名，奖品是一个翻斗车和一套玩沙子的玩具，还有 100 元该机构的代金券（可以去消费，也可以兑换现金哦）。获奖后，可心还是很兴奋的，自己跳了好几下，还说妈妈也会跳起来的，我回家抱着可心跳了几下又转了几圈，可心高兴得咯咯直乐。

周六早上起床后又迫不及待地把爸爸从睡梦中叫醒，告诉他可心得奖了，看着爸爸在床上也跳了几下，她更高兴了。

奖品和奖金对可心来说不重要，奖品到现在都没拆开过。对那 100 元代金券呢，则在给妈妈展示完后马上就撕了，好在姥姥眼疾手快抢救了下来，用透明胶带粘好了留作纪念。最重要的是爸爸妈妈是不是跳起来了，也许这才是可心获奖最大的收获。

摘柿子

（2010-11-01）

周日一早，张阿姨约着我们去房山采摘，说这是可以摘柿子的最后一个周末了，可心一听，特激动地说："去！"爸爸下午要开会，于是妈妈就带着可心坐张阿姨的车去摘柿子了。

深秋是北京最美的季节，一进山马上觉得心情舒畅轻快。这两天天气不错，碧空如洗，空气清新，漫山遍野红的、黄的、绿的树叶交相辉映，还有那红红的大柿子高高地挂在直指天空的树枝上，在蓝天白云的映衬下，越发显眼，一下子就勾起人上树采摘的冲动。车刚一停，可心隔着玻璃看到外面的景色就激动得大叫，迫不及待地下了车，奔向农家院里的一堆玉米，爬到玉米堆上坐着躺着，又剥玉米粒又扔棒子，玩得不亦乐乎。

这是一个柿子采摘园，临街就两间房子，是看护人住的，房子后面是一望无际的果园，有柿子树、梨树、桃树，还有玉米地、菜地，现在正是柿子采摘的季节。主人发给我们两根大杆子和一个大筐，杆子头上有个布袋，这就是采摘工具了。人不用上树，在树下举着杆子，用布袋套住你想摘的那个柿子，一拧，柿子就在袋子里了，很方便。不过因为杆子很长，所以两人配合最好，一人摘，一人从袋子里取出摘下的柿子再放到筐里。

可心满怀兴趣地承担了取柿子的工作，每取一个大的，就兴奋地喊："妈妈看！"后来干脆简化成"妈看"！我们摘了三棵树，可心一直跟着，不仅不累，还一直饶有兴致。等我们不摘了，站在旁边歇着的时候，她又把人家的一群鹅追得满院子跑，可能是鹅比鸭子大的原因吧，可心一直管这些鹅叫"鸭妈妈"，纠正了叫鹅，一会儿又喊："妈妈看，鸭妈妈！"

一会儿，听见可心在喊："妈妈看！"原来是她在篱笆上发现了几个葫芦，有个小的长得真可爱，我赶紧跟主人打个招呼，才摘下来收入囊中。一会儿又听见"妈妈看"，原来是可心在地上发现了一株野草莓，还有几个红红的小草莓正鲜艳欲滴呢。又是一声"妈妈看"，院子里摆着一堆南瓜，可心直接去挑了一个小小的但是很鲜艳的黄南瓜抱着不撒手了。

一天没睡，可心仍然很精神，上车后还喋喋不休地不知道说着什么。到家阿姨下来接我们，在电梯里，可心兴奋地对阿姨说："阿姨，我摘柿子了，有鸭子、鸡、玉米、鹅、梨、羊、小狗，好玩得很。"虽然有点乱，但是能记住这么多东西，已经表现得让我惊讶了。

可心厉害吧

（2010-11-09）

最近可心有个口头禅，每当她干了一件自认为有创意或者新鲜或者冒险的事情之后，都要问："可心厉害吧？"然后还充满期待地等着被问到的人给予肯定。比如，上周摘柿子的时候，可心每把一个柿子运回来放到筐里，都要问一句："可心厉害吧？"到最后妈妈回答"厉害"都已经成机械的了，可她还是不厌其烦地问。在家里也是一样，从小凳子上跳到地上，问一句；把一个草编的墩子搬离地面，也问一句；画个画，只要你一说画得真像，紧接着她就问可心厉害吧。真是笑死我们大家了，而且，大家发现，她每次问话结尾用的都是"吧"不是"吗"，前者是基本肯定的问法，后者是不太肯定时的问法，虽然她并不懂得其中的差异，但是本能的选择却暗合了文法的规则，真是奇妙！

最近可心的语言又有了新的飞跃，一个表现是常常自言自语，在她心情平静又没人陪着玩的时候，她会抱着她的玩具小熊、熊猫（这是她最喜欢的两个毛绒玩具，她叫它们大懒蛋）跟它们说话，话可多了。第二个表现是她会用"然后"、"因为"这两个副词了。一个用来表示转折，一个用来表示因果（"所以"

只用过一次，可能还没有完全掌握），显然懂得这两个词的意思，也会用了。昨天晚上可心跟爸爸玩拼图游戏，不知怎么突然想起了她获奖的那次拼图比赛，于是开始讲给我们听："从这里拿（同时弯腰双手从地上做拿的动作），然后过桥（站起来走，演示过桥），然后拼图（又弯腰，两手摸地，做装的动作）。小兔子、鸭子、马（这是比赛时拼的动物）。"可惜爸爸没听清，于是可心又做了一遍，我们都很惊奇。她叙述的思路是如此清晰，语言也很简洁，还两次用了"然后"，同时配合动作，对一个两岁三个月的孩子来说，真是一场精彩绝伦的表演啊（还重复表演了一次）。我们都情不自禁地鼓掌，说："可心真厉害！"

猜谜语

（2010-11-16）

可心会猜谜语了！这真是出乎我的意料。

周末的一个傍晚，我和可心坐在卧室的飘窗上，我一边逗她说话，一边眺望远处。说到没啥说了的时候，我突然灵机一动，说："咱们猜谜语吧！"以前从来没猜过，甚至从来没说过猜谜语这个词，本来是想拿个她不懂的东西逗逗她，找找话题的，没想到可心说："好！"也不问"猜谜语是什么"这样的话。

我出第一个谜语："圆圆的，白白的，吃的时候阿姨会把它放到锅里蒸一蒸……"我话还没说完呢，可心说："馍！""馍"在可心的字典里就是馒头，她随阿姨的甘肃口音叫"馍"。可心能猜出来，至少有两点可以肯定：一是她懂了"猜谜语"这三个字是什么意思，二是她听懂了我对馒头的描述。

阿姨出了第二个谜语："圆圆的，外边皮是硬的，每天可心吃的时候，阿姨拿个碗一打……"我还有点没听明白呢，可心说："鸡蛋！"阿姨激动得把可心抱起来抛向空中。

我出了第三个谜语，是说苹果的，她却猜成了梨。

我又出了个谜语："黄色的外皮，圆圆的，是一种水果，剥开里边一瓣一瓣的……"因为有了一个没猜中的经历，可心有些不自信了，想了想，说：“橘子！”又对了！我搂着她亲了又亲。

后来又出了几个，说衣服，说玩具，说书的，有猜中的，有没猜中的。但是无论猜中与猜不中，可心一直都兴致勃勃的。对她来说又有了一个新的游戏，而且玩起来还蛮有意思的。对我们来说，发现了可心新的进步，使我们的疲惫一扫而光，被她的成长激励着，兴奋着，享受到了更多的生活乐趣，生活因而充满了幸福和满足。

彩铅习作《桃子》 绘画·姚楚卿

随感

（2010-12-11）

出去开会几天，昨天晚上都7点了才到家，可心一见我就说："妈妈我想你了！"听得我眼泪差点流下来。可心大了，每次几天不见，我都能明显地感觉到她又长大了。可能是分开几天的原因吧，可心特别地黏我，在我怀里蹭来蹭去，恨不得黏我身上不下来。可能是妈妈在身边而特别有底气的原因吧，可心变得特别娇气和霸道，一点委屈都不受，特别爱哭。吃饭要妈妈喂，睡觉要妈妈哄，别人说什么都不听，还横得不得了，甚至半夜睡得迷迷糊糊的起来把尿，突然发现是阿姨而不是妈妈时也要发脾气。今天早上去上亲子课，听到天天妈妈给天天念的一本书不错，竟然就去抢了！这在以前是绝对不可能的，连奇奇妈妈都说，周三阿姨带可心来上课的时候她可乖了，还很谦让呢。

早上上课的时候，老师拿玩具，我让可心去给老师帮忙，可心特别高兴地去了，可是老师会错了意，不知道可心是给她帮忙去了，还以为可心想提前玩，就对可心说："别动！"可心一腔热情被浇了冷水，顿时委屈得不行，回来坐到我腿上嘴巴就一瘪一瘪的，眼泪在眼眶里打转转。我赶紧转移话题，问可心哪个是绿的蛋糕，哪个是红的，哪个是黄的，可心连看也不看，一概随便一指说："那个！"眼泪就流下来了。我把她紧紧抱进怀里，一边抚摸着她的背，一边摇晃着。正好老师把要做游戏的蜡烛点燃了，我抱着她去吹了个蜡烛，她这才高兴起来，把刚才的不快给忘记了，高高兴兴地参与到游戏中去。这让我有些担心，这么点心理承受能力，将来怎么在社会上生存啊？

可心一天天长大，我越来越感觉到教育的重要性，也越来越感觉到责任重大，怎么既能让可心感觉到爱的温暖，又能不因溺爱而给她的性格形成造成不良影响，是我一直思考的问题。我自认为还是一个比较理性的人，并不愿意溺爱孩子，但母性使然，有时候可能会不自觉的有些过度呵护，一方面不愿意让她受委屈，另一方面也不希望她适应社会的能力太差，这是一个矛盾。但无论怎样，我都相信可心将来绝不会是一个不懂事的孩子，因为她大多数时候都是很乖的孩子，而且我对我自己作为一个母亲的教育方式还是有信心的。

爸爸的幸福

（2010-12-12）

今天是周末，早上起得晚，早饭也吃得晚，因为饿得不行了，我们就没等可心爸爸先吃了。吃饭过程中，可心一见爸爸起床了就立刻扬声说道："爸爸吃饭了！"我逗她："爸爸不吃饭。"可心说："吃！爸爸饿了！"我们故意逗可心说："不给爸爸吃了，我们赶快吃光。"可心一听不干了，大喊一声："不行！"并且拉下脸来。看我们都没反应，"啪"就把手里的筷子扔地上了。我没说话，继续吃我的，可心瘪着嘴哇的一声就哭了，眼泪哗哗地流。我把她搂怀里，跟她说给爸爸留饭了。可心哭得可伤心了，怎么安慰都没用，还有越哭越猛之势。姥姥这时又逗可心："那给姥姥吃不？"可心虽然哭得喘不上气，却竟然还抽空儿说了句："不给！"阿姨又问给不给，可心同样是不给，没想到这么一说，她反倒不哭了，开始总结："给爸爸、妈妈、姥姥吃。"一会儿又说"给爸爸、妈妈、阿姨、可心吃"。几种组合下来，家里的几个人都说到了，可是每种组合都会少一个、两个人，但每种组合都没少了爸爸，甚至少了她自己都没少爸爸！我们都惊奇不已，尤其是我，不仅惊奇还有些吃醋了，爸爸管可心的时间加起来也没我一星期管的多，费的心思就更不用说了。唉！

爸爸感动不已，因为他也觉得自己的付出好像对不住可心对他这么深厚的感情似的。所以他幸福地哼着歌刷了牙，又幸福地跑过来吃了早餐，现在又幸福地跟可心在玩呢。

彩铅习作《桔子》 绘画·姚楚卿

圣诞树

（2010-12-20）

家里有前年买的一棵小圣诞树，可心可喜欢了。快到圣诞节了，我把树装好，她迫不及待地跟我一起往树上挂彩灯、彩球什么的，她问我这是什么，我告诉她这是圣诞树，圣诞节的晚上，等孩子们都睡觉了之后，圣诞老人会到每一家，从烟囱爬进去，看哪个孩子乖，就给他在圣诞树上的袜子里放一个礼物。我刚说完，可心就咚咚咚跑进里屋，脱了鞋爬上床，我问她干什么，她说："睡觉！"原来她是要赶快睡觉，好让圣诞老人来给她送礼物呢。

第二天早上六点，可心一下就醒了，而且一改平时睡醒了赖在床上不起来的习惯，自己坐起来，可是屋里光线太暗，她裹着被子坐着不知道该怎么办。我大概猜到了她的心思，但不敢确定，于是就装睡。可心终于忍无可忍，喊："妈妈，我要穿衣服！"我起来给她穿衣服的时候，她明显抑制不住自己的兴奋劲儿，我假装不知，也不问。穿好衣服，可心马上就要求穿鞋下床，这也很不正常。于是，我问："可心，你想干嘛去呀？"她不回答，一脸坏笑就往客厅跑，果然直接跑到圣诞树跟前，逐个地摸袜子。从第一个袜子里摸出一个巧克力球，那叫一个激动！眼睛都笑成弯月了，嘴张得老大，还在地上跳了几下！从第二个袜子里又摸出一块酥糖，也很高兴，第三个袜子里是一小盒口香糖。这都是她爱吃而我们平时不给吃的东西，可心真是高兴极了！

这几天一说圣诞老人，几乎所有的问题都迎刃而解，不喝的水喝了，不吃的饭吃了，不洗的脸洗了，不让干的事就不干了。晚上一说睡觉，她比谁都积极，因为总想早点睡了让圣诞老人送礼物来，第二天早上起床也特积极，是想快快起床去看礼物。

昨天早上，可心又在得意地收集她的礼物，我问："可心，圣诞老人为什么天天给你礼物，不给妈妈呢？"可心嘟嘟囔囔地说："妈妈不乖呗！"好在可心"很大方"地张开嘴，用舌头顶着她正在嚼的口香糖说："妈妈舔一下。"我们全家都笑喷了。

圣诞树给可心，给我们全家带来了这么多的乐趣和希望，我担心的是圣诞节过完了，我们这圣诞树怎么收得起来呢，就照现在这样，我要是把树收起来，可心会很失望、很伤心的。

彩铅习作《猫咪》《汉堡》《柠檬》 绘画·姚楚卿

姥姥的生日

（2010-12-20）

明天是姥姥的生日，我很惭愧，这是四十年来我第一次记得我妈妈的生日。

我们家孩子多，在我的记忆里，小时候家里生活一直不宽裕，就靠爸爸妈妈两个人的工资养活五个孩子和四个大人，爸爸妈妈都是老师，先是小学教师，后来又当中学老师，爸爸又到教育局，收入都不高。但是我好像从来没有特别地感受到和别人家的孩子有什么特别的差异，这全赖妈妈精心持家的智慧，以及她总是尽量照顾家人，而把自己的需求压制到最低的奉献精神。我在小学的时候曾经写过一篇作文“妈妈的十一颗心”，就写的是妈妈为家里的每一个人都操碎了心，却独独没有在自己身上用心。这篇作文还获了奖。以前家里不宽裕，我们过生日就吃个鸡蛋，爸爸妈妈从来没有过过生日。后来我们都长大了，家里条件也好了，开始给孩子们过生日了，所以我记得姐姐弟弟的孩子的生日。再后来，爸爸妈妈一天天老了，我们才突然醒悟到爸爸妈妈也需要我们的关心和爱护，才想起来给他们过生日。可惜我在外地，所以一般都是姐姐提前告诉我，在那一天我会打个电话回去祝贺爸爸妈妈生日快乐，仅此而已。

去年，妈妈以75岁高龄来给我看孩子，又让我愧疚不已。一年多来，妈妈起早贪黑，不辞劳苦，把可心照顾得非常好，还不忘照顾我。我甚至不惜以发脾气、对抗等极端手段来拒绝，希望妈妈能够不要再过度照顾我，因为这让我特别不忍、惭愧和自责。可是妈妈依旧如此，我早上还在床上呢，她就颤颤巍巍地把我和可心要喝的水给端到床前；吃东西的时候她总是不怎么吃那些好吃的，还美其名曰“不爱吃”；我上班的时候会提醒我钥匙带了没有，要围上围巾；我下班一进门就给我倒杯水，问我中午吃的什么，饿不饿，有时候还会拿出给可心做了又特意留给我的好吃的；可心爸爸不爱叠被子，妈妈就经常“顺手”给他把被子叠了，我制止、严厉制止了若干次，妈妈依旧如此。对她而言，为孩子付出，无论怎么辛苦都是她心甘情愿的，她从这样的付出里体会到了爱的乐趣。

有时候妈妈看到可心“欺负”我，会真的生气，可是当她说可心的时候，我要是说一句：“你不是也这样惯我们的吗？”妈妈就光笑不说了，她说我对可心心太重，其实她对我们心更重呢。

我从小在妈妈无私的爱里长大，虽然家贫，却没有感觉；在妈妈无微不至的照顾里长大，虽然经历了很多困难，却仍觉得自己很幸福。我初中开始住校，大学在外地上学，毕业又分配到北京，28年没有跟家人在一起生活。这次妈妈来看可心，是我自小学之后近30年间跟妈妈在一起住得最长的一段时间。

开始我们的习惯、个性常常造成我们俩的争执，现在慢慢磨和得很好了，唯一的矛盾就是我不想让妈妈对我们心太重，不想让她受累，但她却总是把受累当成乐趣，把奉献当成幸福。我们谁也改变不了对方，好在母女连心，即使争执，妈妈也不生我的气，很快就原谅我了，妈妈对我的爱、我对妈妈的爱在对彼此的关爱中日益深厚。

我以前只知道妈妈的生日是在12月份，如果没有姐姐提醒，具体哪天我都记不住，后来还专门写在了本上，仍然没有记住。可能我是一个比较大大咧咧的人的原因吧，其实全家人的生日我都记在了本上，却没记在脑子里。今年我很早就把大家的生日在我手机里设置了当天提醒，但是这次妈妈的生日手机还没提醒呢，我自己先想起来了。上周五我跟妈妈说，下周二是你生日，咱们晚上出去吃饭吧，妈妈很惊奇，我竟然记得她的生日！这让我更加惭愧。但是妈妈怕周二我们上班回来太晚了再出去冷，说周末一起出去吃饭。周六早上，我带可心去上课，可心爸爸去买蛋糕，中午我们在预定好的饭店给妈妈过生日。一切看起来很完美，可当我们到了饭店包厢，可心一看见蛋糕房送的生日帽就自己戴上了，而且自始至终都不摘下来。看见蛋糕就更不得了了，在我和可心爸爸点菜的当口，她就爬上桌子，在阿姨的帮助下打开了蛋糕并且切了一块吃上了。结果一切都被打乱了，蛋糕蜡烛没点，没唱生日快乐歌，蛋糕的第一刀也不是姥姥切的，唉！整个过程成了一个吃蛋糕和吃饭的过程！妈妈说没事，可我对自己很不满意，40 年了，我第一次给妈妈过生日，却一点仪式感都没有，虽然内容很重要，但有些时候形式也很重要！我觉得很遗憾，很对不住妈妈。

遗憾只有留待来年再补了，我亲爱的妈妈，女儿祝你生日快乐，祝你永远健康、快乐！

习作《思念》 绘画 · 姚楚卿

艰难的选择

（2011-01-04）

可心眼睛上长了个小疙瘩，是两个月前的事了，开始我们都没在意，以为是上火什么的，姥姥给热敷了几次，好像有所好转，再加上我最近事情又比较多，我们就更没重视。没想到快两个月了，还没好。上周一一大早，去了儿童医院，虽然去，其实我们心里想的还是没啥事，但让医生看看放心。没想到的是，医生看了第一句话就是“最好手术”，然后告诉我们是霰粒肿。

我一下子就呆了，脑子一片空白，不知道说什么好。脑子里有一个声音提醒我该问什么，其实我已经不能思考了。医生看我发愣的样子，说跟家里人商量一下吧，我就抱着可心出了诊室。见了可心爸爸，终于忍不住流泪了。她那么小，全麻对脑子不好，局麻又太恐怖。且不说手术疼不疼，单是让她一个人面对手术的恐怖场面，我已经觉得很残酷了。我们一商量，实在是不愿意可心做什么手术。于是，我们决定第二天去儿研所总院再看看。同时给西安的二姨妈打了电话，让她帮我们找她们医院的专家咨询一下，到底是不是这个病，真到了非手术不可的程度吗？下午等可心睡着了，给她的眼睛拍了照，发给二姨妈，以便于医生诊断。晚上，二姨妈回电话了，说医生建议不要手术，先保守治疗一下再看。

第二天一早，姥姥在家，我们仨带着阿姨早早地就出发了，因为堵车，9 点才到了日坛旁边的儿研所。花 100 块钱从票贩子手里买了一个专家号，没想到的是今天在这里的专家竟然就是昨天在儿童医院的那个专家！虽然很失望，还是去咨询了一下，医生的建议一点儿没变。我们还不死心，又排队挂了个普通号，结果大夫一看病历本就说："我们主任都看过了，还找我干什么呀？"他直接就给我们开了化验检查单。出了诊室，我没让可心爸爸去交费，我们还是不死心，决定再去儿童医院换个专家看看再说。到了儿童医院没怎么等就找专家看了，专家的意见还是手术，我真的不知道该怎么办了。又找眼科主任看了，直接就给定了周四的手术。

回家路上，我赶紧给二姨妈打电话，二姨妈又找了医生，都是眼科主任或者专家什么的，一致建议不要手术。我真不知道该如何抉择了。北京的大夫一致说必须手术，不手术将来也许会溃烂，如果从眼皮溃烂的话，有可能留下不规则的伤疤，而且那个时候还是得手术。西安的大夫一致说不用手术，点眼药水涂眼药膏，就能好。我不知道该听谁的。不忍心可心接受手术，怕她受罪；又不敢拖下去，怕将来受更大的罪，真是难以抉择。路上按二姨妈提供的一个偏方又去买了中药，回家就结合前天买的药膏开始治疗，我们都希望在手术前的这几天时间里，通过我们的精心治疗，疙瘩能明显地有所缓解，如果这样，就可以放心地决定不手术了。如果几天治疗下来还没效果，那就只能手术了。我特意请了假在家，以保证治疗能够按计划进行。周二半天，周三一天，多么重要而宝贵的一天半啊，度日如年，因为责任重大；又过得太快，因为对治疗来说时间太紧迫。每次给可心用药，看着她不情愿的样子，我都难过得想哭。就这样熬到周三晚上，还是没有决定第二天一早是不是去医院手术。等我哄可心睡着了出来，可心爸爸和姥姥商量的结果是不去手术了，在家按医生的药方和偏方治疗一周看看效果再说吧。我还是下不了决心，新的担忧又像挥不去的烟雾一样飘来飘去。

晚上睡觉前，我跟阿姨说半夜四点的时候把我叫醒，我要看一下可心的眼睛，如果有好转，就接着睡，如果没效果，就起床去医院。因为医院让最晚 7 点半要到医院。凌晨四点，阿姨准时叫醒了我，可心闭着眼睛睡得正香，可是因为闭着眼睛，上眼皮上的疙瘩就格外突出，还发红了。我一狠心，说："走，去叫可心爸爸，咱们去医院吧。"

可心勇敢

（2011-01-04）

经过两天半是不是要手术的纠结，又在北京西安两地咨询了三家医院的专家之后，在预约的那天凌晨四点，决定了还是手术。本来不想叫醒姥姥的，但我们刚一动，她就起床了，跟阿姨一起给我们准备了早饭，给可心准备了吃的喝的，因为觉得可心可怜，所以平时不让她吃的甜食巧克力什么的都给她带了。等我们都收拾好了，才给可心穿衣服，想在睡梦中给她穿上衣服，抱着去，没想到她也醒了。按医生的叮嘱，这天早上是要空腹的，连口水都没喝。怕堵走得早，我们6:30就到了医院，医院还没开门，很多人等在门口，好在是在地下停车库，还不算太冷。

7:00，终于开门了，到了大厅，满大厅都是提前来排队挂号的人，那天预约的时候可能因为我还在惊吓中，所以没记住今天让来了去几层，想咨询一下，可是一个医护人员都找不到，我和阿姨及可心只好在大厅里等，可心爸爸楼上楼下地跑着问人，一直到7:30才找到地方。我原本以为既然预约了，又让来那么早，肯定来了直接就进入程序，化验、检查、手术，医生说手术十几分钟就结束，那我们也许九、十点钟就回去了呢。没想到7:30找到地方找到人之后还要挂号，只不过是挂特需号，然后等医生，

8:30 了才来，还是那天看过的主任，连孩子都不看，直接开化验单。静脉抽血，末梢血，在排队等待的时候，听着屋里别的孩子的号啕大哭，我真担心可心。爸爸一直抱着可心，逗她玩，给她讲故事，分散她的注意力，轮到我们进去了，坐到抽血的小床前，可心竟然没哭。护士拍着她的胳膊找血管，可心也没哭。因为胖，找了两只胳膊都不理想，护士又终于在手背上确定了扎针的地方，用带子扎住胳膊，又抹酒精消毒，可心很不情愿地用另外一只手拨拉开，但还是没有哭。我和她爸爸不停地说着可心勇敢，可心真厉害，我还逗她说，可心你看你和阿姨谁的胳膊粗。就这样，一直到针扎进手背，可心都没哭一声——不好意思的是我哭了。出了抽血室，可心瘪着嘴，肯定疼嘛，但是因为我们都说了她勇敢，所以不好意思哭，一直憋着，但还是不高兴。爸爸又逗了一会儿，疼劲儿也过去了，终于又好了。已经 9:30 了，一早没吃东西，肯定饿坏了，等化验结果的时候，赶快给可心冲了奶，吃了蛋糕。一吃着东西，可心又欢实了。

大概 11:30，结果出来了，大夫也看了，让我们到楼下眼科去等着，说在那儿手术。我们先下去，大夫又过了会儿才来，在那儿等的孩子好几个呢，一个一个被叫进去，家长不能进去，只能把孩子送到处理室门口交给护士。护士关上门，一会儿就有孩子声嘶力竭的哭声从门缝里传出来，过了五六分钟，门一开，护士就喊把孩子抱走。于是家长就进去把正在大哭的孩子抱出来。没多久就满楼道的哭声了。我紧紧地搂着可心，坐在离门口远一点的地方，既想快点到她，又希望不要这么快就到。正惶恐地不知道该怎么办的时候，护士喊名字了，爸爸一把抱过可心，就交给了护士。门哐当一声关上，还上了锁，我趴在门上，耳朵贴着门，想从门缝儿传出的动静听出里边的进展。开始没有声音，后来有手术器械碰撞的声音，但是没有可心的哭声。不对呀，不应该呀，怎么会没哭呢？吓住了？也许不哭就说明不疼？正在我着急的时候，突然听到可心一声明显压抑的沉重的哭声，我的眼泪一下子喷涌而出。可怜的孩子！她疼，她想哭，可是她尽量忍着，压抑着，不让自己大声地、肆无忌惮地哭出来，她还记着自己勇敢的承诺呢，可怜的孩子！可敬的孩子！门突然开了，护士说："把孩子抱走。"我边哭边冲进去，护士说："孩子比妈妈强。"可心躺在手术台上，右眼睛蒙着纱布，整个头部还绑着绷带来固定纱布，不知是因为害怕还是因为绷带不舒服，可心的左眼也紧紧闭着，眼泪挂在脸上。我抱着可心出去，坐在凳子上我们俩抱头痛哭。

我边哭边安慰可心，可心乖，不哭，可心勇敢。过了一会儿，可心不哭了，但就是不睁眼睛，可能是吓住了。我们又坐了会儿，估计是麻药的作用，她迷迷糊糊地想睡觉，我们就赶紧回家了。一直睡到下午四五点钟才醒，醒了之后对眼睛上的这个纱布很不习惯，老想用手拽掉，我们几个大人就都得盯着，及时制止，以防她把纱布扯下来。后来我跟她说，你这装扮很像加勒比海盗嘛，是圣诞老人跟你做游戏呢，慢慢地她也就接受了，后来姥姥逗她说，给姥姥眼睛上也盖个纱布，我也想当海盗呢，可心说：“不行，你不听话！”这些天来第一次把我们都逗笑了。

经过这次病，我们都真的觉得可心真是乖，可心真勇敢！连可心自己现在都动不动就说可心勇敢！

现在眼睛上的纱布早摘掉了，眼睛还有些肿，不过一天比一天轻一点儿。但愿她早点好了，再不要有什么病呀什么的，或者让我替她得了吧。妈妈的乖女儿，希望你一辈子平安幸福！

水彩习作《墙》 绘画·姚楚卿

水彩习作《雪野》 绘画·姚楚卿

可心好了

（2011-01-18）

可心又生病了。

周六凌晨2点，我从睡梦中突然惊醒，感觉可心在旁边吭吭哧哧的，我还以为她蹬被子呢，伸手去摸，发现不对，抱起来一看，她正吐呢。赶快把她抱着坐在床上，叫醒阿姨，可心已经吐了一被子了，全是晚上吃的面条。拍着她吐完了，收拾干净，又漱了口，喝了水，想着可能是因为受凉，给她盖好，搂着睡了。过了没多久，可心又开始翻腾起来，刚一抱又吐了。后来就不敢让她躺着了，我搂着可心，我们都围着被子坐在床上，可心靠在我怀里，我靠着墙，就这样睡着了。到早上七点，可心又吐了几回。起床后给她喝了点藿香正气水，好像好了一些。没想到一喝奶又吐了。可心爸爸不在家，我和阿姨抱着她赶快去了医院，到这个时候可心已经吐了有10次了。查了尿和血，医生说是急性肠胃炎，已经有脱水迹象，于是赶快输液，打肌肉针，又开了好几种药。在输液扎针的时候，因为护士水平不到位，还换手扎了一次！疼得可心哭得一塌糊涂，抱着我的脖子直喊："妈妈，妈妈，走，出去，回家！"听得我真是肝肠寸断，好在后来开始输液之后可心很快睡着了。

下午回家，可心又睡了一觉，吐倒是不吐了，但又开始拉肚子，频率很高，臭得不得了。到傍晚，又开始发烧，晚上竟然到了 39.8 度！换了两个体温计还是这个温度。没办法只好给她又吃了退烧的药，同时不断地用温水擦拭额头、耳后、手脚和腿，后半夜，终于降到了 38.6 度。到第二天下午，终于不烧了，但是拉肚子还在持续。快中午的时候，拿了可心的大小便样本，去医院又检查了一次，医生说有可能是受凉，也有可能是病毒（跟没说一样），又开了些药回家吃。这两天可心几乎没吃任何东西，就喝些水，药却吃了不少。开始吃药还很乖，说吃了就不吐了，她就很乖地吃了。后来需要哄哄才吃，说你吃了就好了，就可以吃冰激凌了。再到后来就得混到糖水中才吃了。到周日晚上，已经是怎么说都不吃药了，威逼利诱都不管用，用手紧紧地捂着嘴巴，把头埋在被子里，逼急了就大哭大闹，甚至“大打出手”。我们真是一点辙都没有了，只好狠狠心捏着鼻子给灌下去。看着可心哭闹的样子真是让人心疼，但是为了她快点好，也只好这样了。吃了药给可心一块她最爱吃的糖果，本来是想安慰一下她的，没想到可心不接，问：“里边有药吗？”真是可怜！已经成了惊弓之鸟了。

在呕吐止住了之后，每当拿药给可心的时候，她都特委屈地说：“可心好了，可以吃冰激凌了。”言下之意就是可以不用吃药了，还想吃点好吃的呢，结果每次还都不得不吃了药。周日早上刚一起床的时候，可心又说：“可心好了！”这回已经单单是希望不吃药就好了，对其他的都不敢奢望了，同时满怀期待地看着我们，我们虽然给予肯定，但是周日又给她吃了一天的药。周一早上可心又说：“可心好了！”不过这回可心是真的好了！昨天已经不拉肚子了，也能少量地吃些稀饭，药也给减了，只是在饭里加些益生元之类的药。今天早上，可心可以喝奶了，虽然略有反应，但还好没再吐。

可心好了！妈妈就放心了。希望以后疾病苦难都远离我的宝贝，如果有，就对着我来好了，只要我的宝贝永远健康、快乐、幸福！

阿姨别走

（2011-01-25）

最近好忙，因为单位30周年庆典的准备工作到了最后收尾阶段，而我所负责的工作又是其中最为繁琐和耗人的一部分。已经连续几天下班不能走，因为手里的工作必须当天告一段落，估计这种状况要一直持续到春节前，极端情况下也许春节期间还要加几天班。过了初十就好了。可怜可心虽然每天在家巴巴地等我回家，我却一天比一天回去得晚，回回面对她期盼的眼神我都心痛不已。这几天好在姥爷来了，还多一个人跟她玩，否则更孤单了。

原来阿姨是打算今天晚上坐车回家的，没想到没买到票，我找了两个人给她预定，竟然都没买到。晚上回家一说，阿姨连吃饭都不香了，坐在那里闷闷不乐的。我们也都觉得对不起她，本来想送她一张飞机票，但她还有两个老乡要一起走，我总不能送三张吧？好在可心爸爸昨天回来了，吃了饭他说去碰碰运气，从网上找到有人卖票的，开始是明天的三张票，时间很好，可是没座，阿姨不要，后来看到有人卖一张卧铺，喜出望外，赶紧联系，已经卖出去了，后来又有人卖28号的三张坐票，还有座的，正合适！一联系，在昌平呢，而且说不赶快取的话，就谁先到给谁了。九点了，昌平，也得去啊。突然想到一个朋友住在那里，让人家帮忙给取一下吧，总算把票给买到了！阿姨喜笑颜开！虽然比原计划晚了几天，但总算是可以回去过年了！唉，中国人好可怜啊，为了一张回家的票！

上次阿姨告诉可心她要回自己家过年的时候，可心可怜兮兮地说："阿姨别走，你走了可心怎么办啊？"我们都惊奇她能说出这样的话，现在每天早上，可心一睁眼，第一句话就问："阿姨呢？"唯恐阿姨已经走了。不知道阿姨走了之后，可心能适应吗？

水彩习作《原野》 绘画·姚楚卿

因为妈妈在

（2011-02-04）

终于放假了，虽然这几天都还有些事情需要处理，但在家通过上网和电话都能完成，不用去上班了，可以在家时刻陪在可心身边，无论是她还是我，都感到很幸福。

昨天是大年三十，早上吃完了饭，姥爷姥姥在家准备吃的，可心爸爸去买了好多炮，有花炮，也有响炮。我对放炮本来是没有什么兴趣的，但看他们父女俩那么兴致勃勃的，也受了感染，帮着他们一起挑选运送。除了一大箱子花炮，竟然还有一大盘一万响的鞭炮！下午等可心睡觉起来，我们一起贴对联，贴福字，贴小兔子，哪个活儿都少不了她！我们干什么，她都飞快地跑过来，一把抢过去，说："可心！"意思是说可心来干，所以每样活要是找不到点她不捣乱还能帮着干点的事，你还真就别想干成！不过，有了可心的参与，每件事才那么有乐趣！我们在大门上贴了一个大"福"字，在门口贴了对联，在家里的玻璃上贴了"福"字，还把十个小"福"字连成两排像对联一样贴在一进门的墙上，又贴了两个兔子在厨房门旁边的墙上，这是可心选的位置，贴上去还真的感觉不错。我们又把姥爷从西安带来的大红灯笼也放上灯泡挂了起来，家里还真有些红红火火过大年的气氛了！

天慢慢黑了，爸爸去楼下放炮，担心太近有危险，我搂着可心坐在卧室飘窗的窗沿上看。远远地伴随着此起彼伏的炮声，五颜六色的礼花一个一个升到空中，煞是壮观。突然，楼前院子里有人燃放了一个大大的礼花炮，正好在我们的窗子前绽放了，是那么的绚烂，又是那么的近，因为窗子是伸出去的，我们坐在上边就好像坐在一个环型的电影院里一样，礼花一个一个在我们周围绽开，向我们尽情地展示她们婀娜的身姿和绚烂的色彩，我们就像坐在花心里看花儿开放一样，那种感觉真的太震撼了。可心开始还有些害怕，紧紧地靠着我，后来突然问我："妈妈，这是为可心放的吗？"我说："对，所有的礼花都是为可心放的！"

晚上吃完饭八点多，我们又下楼去放炮，那么多炮搁家里不放心啊，所以只留了两三挂小鞭给初一和十五，其他的都要在三十晚上放完。我们叫上天天一家，一起去放。放到那个一万响的"年年红"的时候，怕可心害怕，我一直捂着她的耳朵，等炮响完我的手都捂酸了！放"二踢脚"的时候，我们虽然远远地站着，可是仍然能感觉到大地在震动，天天和可心都吓得紧紧抱着自己的妈妈。至于花炮，小的还好说，大的射得高的我觉得还不如我们在窗前看得真切和清楚呢。下次呀，还是在窗前看别人放花炮吧，既省钱效果还好，谁让我们住的楼层就那么适合看放花炮呢。

这两天我们都在家，可心玩得可高兴了。昨晚吃饭的时候，我们一举杯，可心也立刻举杯，还主动对姥爷姥姥说："祝姥爷姥姥健康长寿！"也不知道跟谁学的！到爸爸的时候，她竟然知道换词了："祝爸爸新年快乐！"

今天晚饭后，可心爸爸提议开车出去转转，看看天安门广场有什么热闹。我们到复兴门的时候，姥爷说："这离可心妈妈单位不远了。"可心听见了，立刻说："不去单位！"我们问为什么，她说："单位有领导！"爸爸问可心喜欢领导吗，可心说："不喜欢！催妈妈上班！"

等我们转了一圈回到家，可心端着杯水坐在垫子上，我靠着她也坐在旁边，问："可心这几天过得高兴吗？"可心说："高兴！"我问为什么，可心说："因为妈妈在。"

第二场春雪

（2011-02-14）

让人没有想到的是，兔年的第二场雪这么快就降临北京了。

雪是12号晚上开始下的，也许是后半夜，那就是13号的凌晨了。预报说是小雪，我们就都没有期待，以为是连地都湿不了的那种呢。哪知13号早上一起来，却是鹅毛大雪纷飞，大地早就被盖了个严严实实。我高兴得不得了，因为我可以遂愿带可心一起堆雪人了。还有更重要的一点，姥爷原定13号回西安，虽然我希望他能在北京多待些日子，可是姥爷却着急回去看孙子。昨晚看了天气预报，我就在心里默默祈祷让雪下得大一点吧，让飞机不能起飞，姥爷不就不得不再多待些日子了吗？所以一看雪这么大，我高兴极了，一边给可心穿衣服，一边就情不自禁地唱了起来："飘飘洒洒……"不幸的是后边忘词了。

带着可心在窗口欣赏了一会儿漫天飞雪，赶快上网查询航班信息，没想到首都机场竟然还正常运营，只取消了十来架次航班，没办法，只好还按走做准备。阿姨早上准备了一顿丰盛的早餐，有鱼有虾有肉，算是给姥爷送行。饭后已经9点半，上网查了查姥爷的航班还是没有取消，只好收拾了东西去机场。顶着漫天飞雪，我们全家一起去送姥爷。路上积雪很厚，小区和道路的雪都没清理，车不停地打滑，稍微快一点都不行。好不容易上了四环主路，主路因为撒了融雪剂，不那么滑了，但也只能开到 20 多迈。我们在四环上一直向东开，出了丰台境，雪马上就小了，再往东北方向开，雪竟然慢慢地停了！怪不得机场的航班大多数能正常起降呢。

机场人不多，很快办好了登机手续。我们跟姥爷站在安检线外，依依不舍地互相叮嘱，特别是姥爷和姥姥，我看着都辛酸！这么大年纪了，为了我们的下一代两人现在还得两地分居。从下了车，到办完手续，再到安检处，他们一直都手拉着手。姥爷走进安检大门的时候，和可心拥抱了一下，又看了一眼姥姥，我感觉姥爷的表情像哭了。看着这些我心里真是难受，觉得我们做儿女的真是对不住父母，无论我们多大了，都还在向父母索取，真是不孝啊！

时间到了，姥爷走进安检大门，我们站在外边，看着他通过一道道检查程序，最后走向候机处，我们互相都快看不见了，姥爷还在向我们挥手，我们也不停地挥手。在那一瞬间，我的眼睛突然湿润了，我不敢让姥姥看到，怕引起她伤心。回家的路上，姥姥不住地看表，计算着还有多长时间该登机了，还有多长时间飞机就起飞了。

温暖

（2011-02-21）

现在是冬天，每天晚上我回家上楼的时候，都因为寒冷而手脚冰凉。有一天，我进门放下东西，可心又像往常一样站在门口等着我抱她，我脱了衣服，抱了抱可心，又握了一下她的手，可心说：“妈妈的手好凉啊。”我赶紧把手抽出来，怕凉着她。没想到可心却又伸手拉住我的手说：“可心给妈妈暖手。”当时就感动得我差点掉下泪来。真是暖到妈妈心里去了！

后来有一次，可心手凉的时候，我也给她暖手，快把她手暖热的时候，可心说：“妈妈好温暖啊。”真是母女连心。

第二次霰粒肿

（2011-03-03）

不幸的是，可心又出霰粒肿了。

是上周三发现的，晚上回去坐在沙发上给可心讲故事的时候，突然发现可心的右眼皮上，跟上次同样的位置，又有一个红疙瘩若隐若现。在哄着她让我看的过程中，我还心存幻想，是看错了吧，是我太敏感了吧，但确实是有那么个红尖角。又叫来姥姥看，叫可心爸爸看，叫阿姨看，结果不得不承认真的又长了！晚上就开始点眼药水，涂眼药膏，差不多一个星期了，到周一还是没有一点好转的迹象，也许延缓了发展吧，不那么红了，但是疙瘩一点没见小。周二早上，可心爸爸又是一早就去挂号，我们收拾一下也尽快赶到医院，还挂的上次手术的那个主任的号。医生一看，没有任何犹豫就说："手术吧，今天就能做。"心中不愿承认的事实终于被确定，虽然早有心理准备，但仍很震惊。我们怀疑是上次的手术没清干净，但医生说不会，说有人就是会复发，她本人就已经做了三次了。不跟她争了，即使争出个谁对谁错，霰粒肿都是长在可心的眼睛上，所以解决问题才是最重要的。可我们这才刚刚两个月啊，这么做下去眼睛怎么办呢？医生说没办法，除了手术没有更好的治疗办法。

于是赶快又加了个号，挂了楼上的特需门诊，找了另一个主任级的医生看了，结论仍然一样。

那就做吧，既然没有别的办法，也只有这样了，我们虽然心疼，但心理上已经比上次容易接受了，只是可心这次的反应却非常大。早上刚到医院门口的时候，可心问："妈妈咱们去哪儿？"我不忍骗她，又不想说是医院，就说你猜吧。没想到可心很敏感地不想进门。等我们进了大厅到电梯口的时候，因为旁边还站了很多等电梯的人，都带着孩子，有几个孩子带着口罩，可心一下就明白了，也许是想起了上次的情景，立刻大哭着不进电梯，拉着我的手说："妈妈回家！妈妈回家！"阿姨抱着她走进电梯的时候，她挣扎着喊："不！不！不！"到了医生诊室门口，可心死活不进去，哄、劝、夸、找榜样，一概没用，每次都是被强行抱着进去。看着可心满脸的泪和乞求的眼光，我心疼不已，觉得自己真残忍，可是又不得不一次次硬着心肠抱她进去。在抽血室，可心面对面坐在我腿上，就是不肯抽血，把两只手死死地攥着，塞在我跟她身体之间，拔都拔不出来，喊得脸都红了，连医生都失去了耐心，说你们要不到外面先给她做好思想工作，不然把别的孩子也引哭了。想想可心上次抽血时勇敢的样子，觉得她更加可怜，肯定是上次给她留下心理阴影了。

去手术室的时候，还离得老远呢，爸爸把可心抱过去，她就又开始大哭不已，我也跟着到了门口，可心一只手紧紧地搂着爸爸的脖子，另一只手紧紧地搂着我的脖子，我把她抱过来，她的腿紧紧地箍着我的腰，边哭边喊着："妈妈，走！走！走！"护士把她从我身上根本抱不下来。可怜的孩子！护士把她强行抱过去，放在手术床上，在门关上的一瞬间，我看着她坐在床上的小小的背影，身边都是带着口罩的陌生人，她小小的心灵何以承受这么巨大的恐惧啊！外边的声音很嘈杂，但是可心的哭声还是从门缝透出来，听得我直想撞墙。

终于，门开了，我冲进去，可心还是哭着坐在床上，脸上已经包扎好了，大绷带斜着从脸上勒过去，显得整个脸好像都肿了似的。我紧紧地抱着她，一边安慰她。出来后坐在走廊里，可心刚一缓过神来立刻就说："妈妈回家去！"她是一分钟都不想在这个地方待着！

昨天去医院换药，可心出门前就一再问我去哪里，说医院就不去，但我还是如实告诉了她，并且给她解释了换药眼睛才能好得快，才不疼不痒，她终于还是比较平静地接受了去医院的事实。

医院真可怕

（2011-03-03）

最近有朋友送给可心一套书《汤姆的故事》，以一个叫汤姆的小孩子的视角和日常经历，来帮助孩子认识这个世界。可心特别喜欢，十好几本呢，每天不知道让我们读多少遍！里边有几本是可心特别喜欢的，比如说汤姆尿床了、汤姆过生日了、汤姆去海边了、汤姆的小妹妹，等等，大概都是她以前经历过或者听说过的一些事情，特别有共鸣。还有一本是汤姆生病了，可心也让我们读得比较多，周二手术后，这两天我都请假在家，可心基本上没看别的书，一直让读这本书，只要读书，必然先读这本，而且总是读很多遍。前天下午读完之后，她一个人晃晃悠悠地在客厅散步，突然像大人一样沉思着说："医院真可怕！医院真可怕！"紧接着又来一句："医生真讨厌！"其实在这本书里把医院和医生还是写得挺有人情味的，估计还是这两次在医院的痛苦经历给可心留下了可怕记忆，才让她对医院和医生有了这样一个看法。她把汤姆住院的故事听这么多遍，我想她是想从那里，从汤姆勇敢的表现上汲取力量，来给自己树立一个榜样，帮助她战胜痛苦和恐惧。

可心讲的第一个故事

（2011-03-04）

可心特别爱听故事，每天晚上我讲得口干舌燥了，她还不罢休，现在已经给我留下了严重的后遗症，只要一开始念可心的故事书，从第三句开始就哈欠不断，一个故事读不完眼睛就打架。不过，可心的语言能力也进步很大，这就值了。

以前，可心也兴之所至讲过故事："从前，有个小白兔……"这就讲完了。3 月 1 号晚上 22：00，我正给可心洗脚呢，可心突然开始讲故事了，这可是她讲的第一个完整的故事。

"从前，有个小猴子去摘樱桃（这两天正好吃了樱桃），它走啊走，碰到了小白兔，小白兔问它，你干什么去呀？小猴子说，我去摘樱桃。小白兔说，咱们一起去吧。小猴子说，好啊。咱们一起去摘好多好多的樱桃好吗？好啊！结果（连结果都会用了，确实进步不小），又碰到了小鸟，小鸟说，咱们去摘樱桃好吗？小白兔说，好啊。它们走啊走，又碰到了小猴子……"

这就是可心讲的原汁原味的故事，虽然结尾收得有点仓促，但整个故事思路清晰、情节完整、语言简洁，对话逻辑顺序合理顺畅，可心得 99 分！

公园一日

（2011-03-22）

大海的声音

上周我去青岛出差，只有两个多小时的自由活动时间，去海边散步的时候，拿手机拍了一段海浪和沙滩的视频，当然有海水冲刷岸边礁石的声音，回来放给可心看。前几天可心正在看《汤姆在海边》这本书，对汤姆在海边跟海浪玩耍的情节很感兴趣。她终于听到了大海的声音，很激动。在玩的时候会突然跟我说："妈妈，我呼气，我吸气。"同时还伴随着手一推一收的，这是汤姆对海浪的声音的描述，她记住了。周日带她去公园玩，我们在湖边正玩得高兴呢，可心突然说："妈妈，大海的声音！"我仔细一听，原来我们身后有很多竹子，风吹竹叶发出哗拉拉的声音，确实跟海浪冲刷礁石的声音很像。

我要去旅游了

还是周日在公园，湖岸边有一处凉亭，从湖边上去要爬十几级台阶，都是木制的，可能为了观景方便吧，四五级台阶就有一个平台，所以上凉亭不长的一段台阶，竟然也有了曲径通幽的意思。可心特别喜欢爬台阶，有次去朋友家的豪宅，基本没干别的，净给人家用她的裤子擦楼梯了。这次看见台阶，她立刻就激动地跑过去开始上上下下地蹿，开始我拉着她，后来干脆不让拉了，我只能跟着随时做好保护的准备。玩了一会儿，估计是可心觉得自己对这里很熟了，连跟都不让我跟着了，很不耐烦地朝我挥了挥手，很自信地说："妈妈你在这里等着，我要去旅游了！"看我不放心的样子，又说："一会儿就回来！"

我要买书

公园里小市场门口有个小书摊，可心像个大人一样走过去，装模作样地拿起这本看看，又拿起那本翻翻，好像还真要挑书似的。我催她快走，没想到她头也不回地说："我要买书嘛！"只好由她去了，翻了一会儿，举着一本儿童填色书，很正式地说："妈妈买。"只好给她买了，谁让人家已经会自己选书了呢。

它为什么动

有道是春江水暖鸭先知，公园的湖里，冰早就化了，鸭子、鸳鸯都在自在地徜徉。可心看过一本飞鸟的书，所以她认得绿头鸭，刚一到湖边，就拍着手喊："鸭鸭、鸭鸭！"鸭子很多，但都集中在湖心的小岛附近，离得太远。我们沿着湖边绕了一圈，找了一处离岛近点的地方，是一个石头刻制的大莲花座，大家都趴在上面观景。旁边有游人往水里扔面包，不一会儿鸭子、鸳鸯都游过来了。旁边一个带孩子的先生，主动分给可心一块面包，让跟他女儿一起喂鸭子。可心可高兴了，很珍惜手里的那半块面包，都不舍得撕多了，每次掐一点点扔到水里，鸭子连看都看不到，喂了半天鸭子都不过来。我告诉她要撕得大一点，要不鸭子不过来，她才大大地撕了一块儿扔到水里。果然，鸭子、鸳鸯立刻就游过来了，在水里疯抢，后来连小鱼也参与到激战中，可心趴在石莲花瓣上看得可入神了。可惜的是，面包一会儿就喂完了，旁边的小朋友也没有面包了，鸭子、鸳鸯们吃完看看再没有新的食物，很快就游走了，小鱼也逐渐不见了，游人一个一个地散去。可心却不死心，还趴在那里目不转睛地看着水面。我静静地等在旁边，很久很久，可心突然说："妈妈，它为什么动呀？"我以为是水里有啥东西呢，也趴过去，在水面上搜寻着问："什么在动？"可心说："它在动，一漂一漂的。"一边说还一边用手拍着她趴在上面的石莲花瓣。原来微风吹皱了一池春水，水都朝一个方向流动，而我们所待的这个石莲花是立在水里的，可心一直专注地看着水面，就感觉像是石莲花在漂一样。我解释给可心了，她好像明白了又好像不明白，不过，观察能力还可以。

榜样的力量是无穷的

（2011-03-31）

一直都听说父母是孩子最好的榜样，现在才有了切身的体会。

一般的父母都会按社会普遍的道德伦理规范来教育自己的孩子，虽然这些道德伦理规范大人自己也不一定能做得到。因此，经常会出现这样的悖论现象：大人一边要求孩子怎样怎样，自己却做不到。这个时候如果孩子总是做错，我们会不假思索地认为是孩子的天赋有别，这个孩子就不是那块料。其实不是的，孩子最愿意学，学得最快的不是家长教的东西，而是家长是如何做的！

有一段时间，我发现可心在跑步的时候总是只甩右胳膊，左胳膊却半曲着贴身紧紧夹着，这样很容易摔倒啊，我给她纠正了若干次，可她还是老样子。有一天我突然发现，可心跑步的姿势跟姥姥是一模一样的！微低着头，左手夹着不动，右手急速地划着，不同的是姥姥是急走，可心是慢跑，其实连速度都差不多。当我这么说的时候，可心竟然说："跟姥姥学！"可是傻孩子，姥姥是因为左胳膊曾经受伤伸不直了，这你也学吗？

后来，我又发现可心老抠鼻子，坐在沙发上的时候，还经常用手摸脚。我制止了多次，她都记不住。有一次，我看她又在抠脚，就指了她一下，皱了皱眉，可心看我没说她，胆子也大了，说：“跟爸爸学！”我回头一看，还真是的，可心爸爸正坐在沙发上边看电视边抠脚呢。这给我很大的震动，原来我们的一言一行，在可心眼里都是楷模和榜样，她分辨不出好坏，只知道大人，特别是在她心目中有着特殊位置的大人的一举一动都是她行为的样板！都是她学习的榜样！后来我提醒可心爸爸，让他不要再当着可心的面有不文雅的举止言行，现在可心已经不抠鼻子、抠脚丫子了！我自己也注意时时提醒自己，不能随心所欲想干啥就干啥，身边有个小监督员呢。

最近可心不爱洗脸、不爱洗脚、不爱刷牙，让我们大家头疼极了。洗脸、刷牙、洗脚，本来顺理成章、简简单单的事，被她一折腾，半个小时都弄不完，中间还不知道要说多少好话，费多少周折，想多少曲里拐弯的办法呢。难缠了半个月，有一天我突然灵机一动，在可心表示不洗之后，我站起来边往卫生间走边说：“你不洗算了，那我刷牙去了。”我正刷着呢，可心进来了，先是趴在旁边看我刷，一会儿就喊了：“我要刷牙！”刷的时候还跟我并排站着，照着镜子，我怎么刷她怎么刷，我把左手背到身后她也背到身后，我胡撸一下头发她也胡撸一下头发。就这样刷完了牙、洗完了脸，我依然没理她，又说：“我去洗脚喽。”可心跟着就出来了，自己主动坐在自己洗脚的小凳子上，等着洗脚呢。这个办法已经用了快一个星期了，还真管用！

原来我都是把她哄睡着了才自己洗漱，把自己还折腾得挺晚。现在我每天和可心一起洗漱，而且在洗完了脸之后，可心还会特主动、积极、高兴、荣幸地帮妈妈把洗脚盆拿出去，把小板凳搬好，和她的小板凳并排放着，等着阿姨倒好水跟妈妈一起洗脚。而且，连洗脚的姿势都从“姥姥式”换成“妈妈式”的了。

这就是榜样的作用，特别是跟孩子接触最多的父母，言传身教的示范作用是任何其他人和其他方式无法替代的。这也提醒我们做父母的，想让孩子做到的，自己首先要做到；想让孩子成为什么样的人，自己就首先要做什么样的人。这也就是虎父无犬子、老鼠的儿子会打洞的潜在道理吧！

唉，当人家的爹妈真不容易，好累啊，要按劳模加先进的标准要求自己喽！时刻注意自己的言行，严格要求自己，规范自己，要堪为表率嘛！

劳动节爱劳动

（2011-05-03）

每一次放假对可心来说都是节日，但是今年这个五一，对可心来说不仅是跟爸爸妈妈在一起的节日，还是一个真正的劳动节。

五一那天，我们早早就起床了，跟几个朋友相约一起去顺义的生态农业山庄。一到山庄可心可欢实了，山庄的花花草草，让人神清气爽。去草地上找蒲公英，采野菊花；去果园看樱桃树，看桃花，赏梨花；去养殖场看小猪，找兔子，追猫咪；在儿童乐园里滑滑梯，荡秋千，坐跷跷板。可心不仅玩得高兴，还妙语连珠。不过，要说最喜欢的，还是去大棚里采摘。

山庄有几十个种植大棚，有水果，有蔬菜。可心最喜欢采草莓，一进大棚，立刻就跑到地垄中间，不管大小、红绿，看见草莓就摘。尝了几个酸的之后，她也知道找大的了。我们一人一垄一个盒子，边采边吃，不停地听到可心喊“妈妈看！这儿有个大的！”过了一会儿，怎么听不到可心喊了？我一看，原来她正忙着吃呢。这个山庄的农产品都是有机种植的，没有污染，朋友说他们这儿采下来的草莓可以直接吃，而且比洗了要好吃得多。我们一告诉可心可以吃，她立刻就不采了，站在田垄中间只顾吃了。吃得小嘴鼓鼓的，草莓的红汁顺着嘴角往外流，一副馋相，惹得我们都乐了。

可心还喜欢摘西红柿。山庄的西红柿品种叫绿宝石，成熟了也是绿色的，只是比没熟的稍微黄那么一点点。黄的裂了口的最甜。因为以前吃过，可心进去看见高高的架子上挂着那么多的小绿西红柿，一下子就认出来了，不用交代，直接上手就摘，我赶快告诉她要摘发黄的，我们常常看不到发黄的在哪里，可心却能一眼就看到，“妈妈看！我发现一个黄的！”满大棚都是可心欣喜的声音。后来大家都从可心那儿得到启发，蹲下去，就能看到黄的在哪里了。可心摘了几个，又开始站在地垄间吃了起来。虽然朋友保证这些蔬菜水果都是有机种植的，绝对是无公害的，但我们还是担心会吃坏了肚子，毕竟没洗，土总是有的吧？幸运的是，可心一上午吃了那么多乱七八糟的东西，竟然也没拉肚子。

一个上午，我们采摘了草莓、西红柿、韭菜、大葱、油麦菜、香菜、菜花、西葫芦，还有两种不知道名字的菜，收获满满，最关键的是可心玩得很高兴。

春天是生长的季节

（2011-05-12）

春天是生长的季节，可心也一下子长大了。第一个表现是个子长高了，那天量了一下，102 厘米，我查了儿童生长表，3 岁孩子身高的上限值是 98.8 厘米，可心才 2 岁 9 个半月，102 厘米算高的了。

长大了的第二个表现是对自己和别人小时候的事非常感兴趣。晚上哄她睡觉，以前都是开着昏暗的灯给她念故事书，有天晚上我突发奇想没给她念书也没开灯，摸着黑给她编故事，别看俺是总编辑，可讲多了还真是一下子编不出来，于是就开始讲我小时候在老家的那些事，都是真实的人物、真实的事件，所以讲起来丝毫不费劲，没想到可心听得津津有味，睁着一双“无知”的大眼睛睡意全无。那天的故事时间格外长，而且从此之后一说讲故事，可心就立刻说“妈妈讲讲你小时候的故事吧！”到了阿姨哄可心睡觉的时候，可心也是强烈要求阿姨“讲讲小时候的故事”。现在，可心已经有了一个口头禅：“我小时候……”听得我们忍俊不禁。

可心长大了的第三个表现是知道了朋友的重要性。姥姥带孩子过于精细，冬天的时候，稍微冷点，或者刮点风，姥姥就不让可心下楼了。所以可心下楼少，认识的小朋友不多。春天到了，可心每天都下楼，就认识了好多小朋友，而且天天在一起玩，像天天、伊莱、多米、彬彬、赖好文，都是可心经常提起的名字，可心都称他们为“我的朋友”。有一天，我下班了带可心下楼，有点风，小孩并不多，没看见一个熟悉的小朋友，可心突然说：“我的朋友怎么都不见了？真没意思！”紧接着又说：“没有朋友好孤单啊！”

如果是我带可心下楼，她还会经常拉着我要去天天家，要去人家里吃饭，因为以前去他家吃过两次饭，其实也就是稀饭土豆丝，可她觉得好吃得不得了。只要天天一邀请，立刻就高兴地答应了去人家里吃饭。有时候在楼下没碰到天天，竟然还死活要拉着我去人家里，我说：“天天现在正吃饭呢，他家没做你的饭，咱去了多不好意思啊，咱不去了好不好？”可心说：“不，他们做我的饭了！”感觉还真良好！

可心长大了的第四个表现是耐受力提高了，或者说她能为了一个目的而进行自我克制与忍耐。可心其实是有些娇气的。比如吃药，本来是甜的，可一说是药，可心就不吃，而且好话说尽都不吃；比如洗脸，如果她认定了不洗，你说多少话讲多少道理都是没用的，她会把那一点点不能接受的理由无限夸大，最后成为她自己都难以克服、信以为真的巨大障碍。比如剃头，可心小时候头发不够茂密，因为人家说多剃头能让头发长好，所以我经常给她剃头，也一直都是我剃。为此还专门买了一个松下的电动儿童剃刀，一开始可心还很配合，只是当剃刀嗡嗡响着靠近她的后脑勺时，她会紧张地耸耸肩膀。后来就不行了，不让剃了。倒不是她想留头发，而是她害怕剃刀的嗡嗡声。后来改成剪头发，剪不了那么短，只好留长发，后来连剪都不让了。天气一天天热起来，我们正着急呢，有天晚上，可心突然说："妈妈我要剃光头！"我很奇怪，一问才知道，原来彬彬昨天剃光头了，今天可心见了之后觉得挺有趣，所以她也想剃头。我欣喜若狂，赶快准备停当。当剃刀嗡嗡响着靠近可心后脑勺时，她紧紧地闭上了眼睛，缩脖子、耸肩膀，我担心她又打退堂鼓了，就问她是不是真的想剃光头，没想到可心忍着不舒服还是选择了坚持。剃到一半的时候，她又开始躲了，但是也只是犹豫了一会儿，最后坚持剃完了。这让我不得不惊讶于可心的自制力和为了某个目标对困难的耐受力了。

可心长大了的第五个表现是她的自我意识觉醒了。已经有一段时间了，可心说到跟她相关的某个人或某件物品时总是要强调"我的"，比如"我的妈妈""我的爸爸""我的姥姥""我的阿姨"。我经常听到她对阿姨或姥姥说："这是我的妈妈给我买的，你让你妈妈给你买好吗？"有时候还说："我的妈妈上班去了。"或者"妈妈，我的爸爸怎么还不回来啊？"以前可心在说这些话的时候都是没有"我的"这个修饰语的，而且经常自称可心。这种变化，我想是因为她已经开始意识到"我"的存在了。

我要回北京

（2011-06-13）

在西安住了8天，可累死我了，昨天终于回家了。因为阿姨回老家了，我自己带可心在外，她一天到晚像个膏药一样贴在我身上，白天全天候、全方位地要管她吃喝拉撒，晚上她睡了，我还得洗她换下来的衣服，真是好累啊。所以，我希望快点回家，阿姨就可以帮我分担一些，我就能轻松一点。没想到的是可心比我还想回家。

我们回西安的第一个晚上，住在二姨妈家，可心也挺乖的，喜欢二姨妈家的木地板，从进门到睡觉她都在地板上打滚，把二姨妈家久不清扫的地板擦得干干净净。第二天晚上我们从舅舅家回二姨妈家睡觉，刚到楼下，可心突然大闹起来，怎么说都不肯上楼去二姨妈家，最后只好不管不顾地抱上了楼。一进门可心就躺到地上打起了滚，边哭边喊："我要回北京！我要回北京！"这是可心第一次对北京表现得这么热爱。我好不容易把她哄得不哭了，问她为什么想回北京，她说："我想我的家。"

第三天晚上，可心依然如是，没办法，我开始给她许愿："妈妈已经订了机票了，但是机票还没送来，今天你先睡觉，等明天机票送来了咱们就回北京。"反正可心对明天、后天、大后天的概念还不是很清楚，可以天天说明天，她也会信的，只好骗小孩了。就这么着她总算安静地睡了。没想到的是，此后天天，可心都要来这么一下子。只是到了后来，她跟悠悠哥哥玩得高兴了，我们也搬到舅舅家住了，可心不再这么哭闹，但却会偶尔平静地发问："妈妈，咱们什么时候回北京？"或者"妈妈，我想回咱们家"。有天早上，她一睁开眼睛，就问："妈妈，机票送来了没有？"问得我措手不及，都来不急编一个合理的理由搪塞过去。

为了多点折扣，我们回北京的飞机是早上8：30的。早上6点从家出发，我一直担心可心起不了那么早，睡不醒起床会闹，路上我没法带等等，但是可心的表现让我惊讶。昨天早上不到6点，我看可心还睡得很香，就没叫醒她，轻轻地给她穿衣服，穿一半她醒了，正要哭，我赶紧说："可心快起床吧，咱们今天回北京，飞机马上就要起飞了。"可心立刻睁大了眼睛，一个骨碌翻身坐起来，乖乖穿好了衣服。我说："可心，妈妈给你洗洗脸吧，要不一会儿上飞机要检查的，脸脏的人不让上。"可心点点头，十分配合地洗干净了脸，这要搁平时，她肯定得哭得一塌糊涂，洗脸就得洗上半个小时。在飞机上，可心也是听话得不得了，当然前提是用飞机和空姐说事儿。

以前可心只要看见有飞机飞过，就会说："我看见舅舅在飞机上对我招手呢。"这次是舅舅开车送我们去机场，在路上看见有飞机飞过，我问可心："谁在飞机上给你招手呢？"没想到可心反应还挺快："舅妈和悠悠哥哥！"

可心爱爸爸

（2011-06-22）

可心一直对爸爸感情很深，即使以前小的时候并不怎么跟爸爸玩。现在更不用说了，她有任何吃喝拉撒睡的需要总是找妈妈，可要心情好的时候却喜欢跟爸爸一起，这让我偶尔都有些嫉妒。

我都想爸爸了

昨天可心爸爸去医院检查身体，下午我先到家，打电话问他到哪儿了，挂电话之前我说：“你开车慢点，别着急。”本来是很平常的一句话，没想到可心听了却不干了，跺着脚喊：“不！不！”我问怎么了，她说：“我要爸爸快点开！”我问：“为什么？”她噘着嘴说：“我都想爸爸了！”

疼了也没用

周末可心爸爸办了件错事，姥姥说他，因为姥姥的声音比较严厉，可心可能也听出了什么。本来她在另一间屋子里呢，突然冲出来，绕到姥姥身后，用她的小手使劲推姥姥，想把姥姥推走。使出了吃奶的劲儿，累得嘴里哼哧哼哧的，还是推不动姥姥。于是情急之下，她大喊一声：“你们别说话了！”过后姥姥想起来就笑：“嫌我说她爸呢，要把我推走，还挺护她爸的呢。这外孙女，疼了也没用！”

爸爸教的

可心小时候跟妈妈最亲，不怎么跟爸爸玩。爸爸为了讨好她，经常以教一些妈妈禁止她做的事情来博取她的欢心。比如在地上爬呀，钻到被窝里呀，用手或袖子擦嘴巴和鼻涕呀，光脚在地上走呀，总之都是些不讲卫生、或者对身体不好的坏习惯。每每看见这些，我们在批评可心的同时都要把可心爸爸狠批一顿。时间长了，可心就有了鬼心眼，她学会让爸爸替她背黑锅了。有一天，可心感冒了，有些流鼻涕。鼻涕经常自己流下来挂在人中那里，如果大人没发现，可心也不说，流得再长点，她竟然伸出舌头去舔！我看见了，大喝一声：“别舔！多脏呀，鼻涕不能吃的！谁教你的？”我就随口这么一说，也不是问，没想到可心笑嘻嘻地答道：“爸爸教的。”爸爸在旁边大呼冤枉：“我什么时候教你这个了？”后来又发生过几次类似的事情，比如抠脚丫啊，吐唾沫之类的，只要我们一制止，可心立刻说：“爸爸教我的。”同时一脸的坏笑。唉，爸爸可跳进黄河也说不清了。

意外收获

（2011-07-04）

可心最近脾气有点大，稍不如意就大喊大叫。不知道是跟其他小朋友学的，还是我们鼓励她大胆一点自信一点的新的教育方法导致的。她一直比较黏我，本以为慢慢长大了就好了，没想到她越大越黏我。每天上班都要闹一阵子，前阵子没办法我都偷偷走，结果导致她天天早上一睁眼就先问："妈妈今天上班吗？"我不能骗她，可是只要一告诉她上班，她就开始像盯贼一样地盯着我，稍离开她视线一会儿，就妈妈妈妈地叫。或者干脆拉着我的衣服不松手。周末在家两天，早早就告诉了她两天不上班，可她还是不放心，想起来就得问一次。后来我就不直接回答她，反问："你说呢？"她会自己很高兴地自答："不上。"我又问为什么，她会说："周末嘛。"

从这个回答里我想到，让孩子自己管理自己是不是比大人管更好呢，让孩子自己明白道理是不是比大人告诉她更容易让她接受呢？当然大人要给予适当的引导。于是，我开始实验：可心自己坐在沙发上玩玩具，我见状就没往她跟前凑，而是坐在一边看书，她玩了一会儿后说："妈妈，给我变张贴画。"这是我跟她的游戏，我给她买了很多贴画，但没全给她，而是在她想玩的时候跟我要，我以变魔术的形式给她几张。我正看书呢，就没急于回答。可心急了：“妈妈！给我变张贴画！”话还是那个话，但语气已经不一样了。我还是没动，可心继续：“啊—！妈妈！给我变张贴画！啊—！”这已经是急的最高级别了。我没动，也没说话，只是用平静的眼神看了她一眼。以前从来没有出现过这种情况，可心有点懵。之前妈妈总是随叫随到，稍有不如意她就用大喊来发泄她的不满，这次怎么了？她小小的脑袋瓜子急速地转动着，思索着，寻找着原因和答案，可能突然想起来妈妈教过她的种种规矩与要求，突然，可心用特别平静和温和的口气说：“妈妈，请给我变张贴画。”还特意把“请”加重了语气。

我立刻站起来说：“好的。”接下来的后半天，可心只要一想让我帮她点什么忙，如果第一遍我没答应，她立刻就会接上第二句：“妈妈，请……”这让我很惊喜。没想到意外的方法获得意外的收获，看来给孩子时间，她自己会找到正确的方法的。

牛顿是放牛的

（2011-07-14）

在网上给可心订了一套《小小牛顿》，据说很不错，下午回家就给她讲了一本，没想到她真的很爱看，晚上洗完澡不肯睡觉，又坐到沙发上去看了。爸爸过去坐在旁边，看是本新书，看了看书名问：“可心，你知道牛顿是谁吗？”可心答：“牛顿是放牛的。”全家爆笑。爸爸接着问：“那羊顿呢？”可心答：“放羊的。”“驴顿呢？”“放驴的。”“马顿呢？”“放马的。”爸爸不问了。

妈妈上班挣钱去

（2011-07-14）

周日早上带可心去菜市场买菜，只带了60块钱，最后剩的五块钱给她买了三条小鱼，真的是身无分文了。回家路上，走过一家豆浆坊，我说没钱了，可心不干，站在人家门口都不肯走，我正给她做思想工作呢，卖豆浆的大姐说："没事，先喝吧，下次再给。"就这么着，可心虽然如愿以偿地喝上了豆浆，但也着实体验了一次没钱的窘迫。

下午我要出差，本来可心还磨磨蹭蹭地想撒会儿娇呢，姥姥说："可心，让妈妈上班给你挣钱买好东西吧。"可心立刻挥手对妈妈说："妈妈，你上班去吧！"其实平时上班姥姥也这么说，但是可心依然要磨蹭很久才肯放妈妈走，今天估计是姥姥这么一说，她想起了早上没钱买豆浆的窘迫，所以特痛快地放妈妈走了。

出差第二天打电话回家，据说可心睡醒了还自言自语："妈妈上班挣钱去了，给我买巧克力啦，贴画啦，脆脆鲨啦……"

北戴河

（2011-07-27）

可心三岁了。

张阿姨在南戴河预订了酒店，约我们一起去海边玩几天。病后初愈，我们就直奔南戴河而去。姥姥担心，坚决不让去，我力主不能让孩子希望落空，为了去海边她忍受了那么多，还不让人家梦想实现一下？

到南戴河的时候已经下午6点左右了，没吃饭我们就直接奔向了海边，一下沙滩，可心自己脱了鞋和袜子，蹦着跳着跑向海边，还学着《汤姆去海边》那本书里喊着："大海，我来了！"在海水里涮了一下脚，凉得直龇牙，可还是忍不住诱惑，在海浪又一次扑来的时候把脚丫伸了出去，让海浪轻轻地吻了一下她的小脚丫。因为是下午，沙滩上只有破碎的贝壳，但可心还是激动不已地捡个不停，欣喜万分地把它们一一收入囊中。第一天的晚饭我们八点才吃，就因为可心在海边玩得流连忘返。

第二天，我们去了北戴河，找了一个海滨浴场，给姥姥租了椅子和伞，我和可心还有阿姨在海边玩了一个上午，不过没下海游泳，因为天一直阴着，风也不小，怕可心感冒，就在沙滩上玩玩沙子，踏踏浪。就这样可心的裤子换了两回还都湿了，其实还不如穿泳衣下海呢。所以第三天，也就是可心生日那天，可心爸爸和李叔叔张阿姨他们也来了，直接让可心换了泳衣下海，租个游泳圈，躺在上面的可心可享受了，半闭着眼睛，仰着头，我们推着游泳圈在海面漂呀漂，她舒服得不得了，胆子也大得不得了。跟爸爸疯玩了一会儿，我带她的时候她总是说："妈妈，咱们再游远一点吧。"因为我的泳技不高，脚踩不着沙滩就害怕，所以近海我带可心玩，远的都是张阿姨和李叔叔带着去的，她也不喊妈妈了，玩得可高兴了。大家都说可心胆子真大。爸爸来的时候把曼曼姐姐也带来了，可心和曼曼姐姐玩得也很好。

在海水里扑腾累了，我们都坐在沙滩上休息，拿着铲子、小桶什么的堆沙子玩。不知是谁突发奇想地说："我们给可心堆个蛋糕吧。"于是大家七手八脚堆了一个大大的沙子蛋糕，我正遗憾没有捡到足够的贝壳来装饰蛋糕，突然看见了可心的几个玩具，灵机一动用它们装饰了一下蛋糕，还挺像那么回事的。于是我们围着这个大大的沙子蛋糕唱起了生日快乐歌。可心还煞有介事地做吹蜡烛状，给我们乐坏了。中午吃饭的时候，张阿姨和李叔叔又专门找地方去给可心订了个生日蛋糕，让我们过了过嘴瘾。

那天晚上下了大暴雨，天亮我们再去海边的时候就没法下海了，海水、海滩都很脏，风浪也特别大，远远看去浊浪排空，可心说："大海生气了。"

直到我们走的那天，天终于晴了，几天来第一次见着了太阳，我们早上退了房，又去海边玩了一上午，可心躺在游泳圈里漂在海上不肯上岸，最后在我的威逼利诱之下才恋恋不舍地离开了北戴河。车开动的时候，我们一起喊："大海，再见！明年我们再来！"

到了北京才知道，我们回来早了一天，我们的房间是预订到 27 日离店的，而且房费已经付了。唉！真是浪费啊，阳光、海水、沙滩——和钱！

水彩习作《椰树和骆驼》 绘画 · 姚楚卿

游泳

（2011-08-10）

从北戴河回来后，可心就喜欢上了游泳。其实小时候可心也游过几次，家里有两个婴儿游泳池呢，只是没坚持下来，总共也没游几次，后来游泳池都先后送人了，所以可心没留下什么印象。这次的北戴河之旅，让可心尽情地嬉水，还见识了大海的魅力，所以她就对游泳情有独钟了。

天天妈妈办了一张游泳卡，在怡海游泳馆，有 300 多次呢，让我们去游，一直没去。从北戴河回来的那个周末，在可心的一再要求下，终于第一次走进了游泳池。有了在海里漂的经验，坐在游泳圈上漂在游泳池的水上，可心一点也不害怕，还直说没有大海好玩。开始我和可心爸爸一起推着泳圈陪可心玩，后来爸爸说他去游会泳，我就一个人跟可心玩。她稳稳地半躺在泳圈上，我只需要轻轻地转一下泳圈，她就高兴得不得了。游泳池的水波澜不惊，我们所在的浅水区都是不会游泳的孩子在嬉水。慢慢地我就有点大意了。这时旁边漂来一个气球，在我两步之外的地方，我想给可心拿过来玩一下，于是就松开了一直扶着游泳圈的手，游过去，捡了气球，想都没想一下就扔给了可心，气球落在游泳圈旁边的水面上，可心一伸手就可以够得到。她很自然地松开了一直牢牢扶着泳圈的右手，伸手去够，可能距离稍稍超出她能够着的距离，所以她像在地面上一样略微抬了一下稳稳躺在泳圈上的身子。谁知这一抬可不得了，整个身体失去了平衡，人瞬间向右侧倾倒过去。我吓住了，还好没有吓呆，一个箭步冲过去，在可心脑袋右半边已经入水的一瞬间架住了她的胳肢窝，一把拎出了水面，紧紧地抱在怀里。可心也吓坏了，紧紧地抱着我的脖子，很久一句话都没有，也没有哭，我问呛水了没有，她只摇了摇头。我估计可能呛了口水，鼻子可能也进水了，因为从来没有过这样的体验，所以她不知道该如何表述。我赶紧把她抱到岸边，脚泡在水里，搂着她在岸边坐着。可心还是很勇敢的，安慰了一会儿，就又敢下水了。

之后几天，我们天天都去，可心一天比一天进步。昨天晚上打雷闪电下雨，我们还是去了，人也不多，更舒服！昨晚可心已经不满足于躺在游泳圈上漂了，基本没用游泳圈，我用手架着她的胳肢窝，她自己用脚拍水，玩得可开心了。从一开始的躺在泳圈上，到后来我抱着她在水里上下跳跃，再到后来我扶着她踩水、拍水，一直到昨天扶着她的上半身让她自己在水里“游”，如果说之前她体会到的是玩水的乐趣，昨天她已经体会到了游泳的乐趣。

美中不足的是怡海游泳馆的洗澡条件不好，水龙头出水很不均匀，花洒大多不能用了，水砸在身上、头上很疼，而且流得满脸都是，我问可心：“在家里洗澡舒服还是在怡海舒服？”

可心答："在家里舒服。"我又问："在家里洗澡好玩还是在怡海好玩？"可心答："怡海好玩。"没辙，既然她都以苦为乐，我还有什么好说的？天天去游吧，如果能一直坚持到冬天，不仅她能锻炼身体，我还能减肥呢。

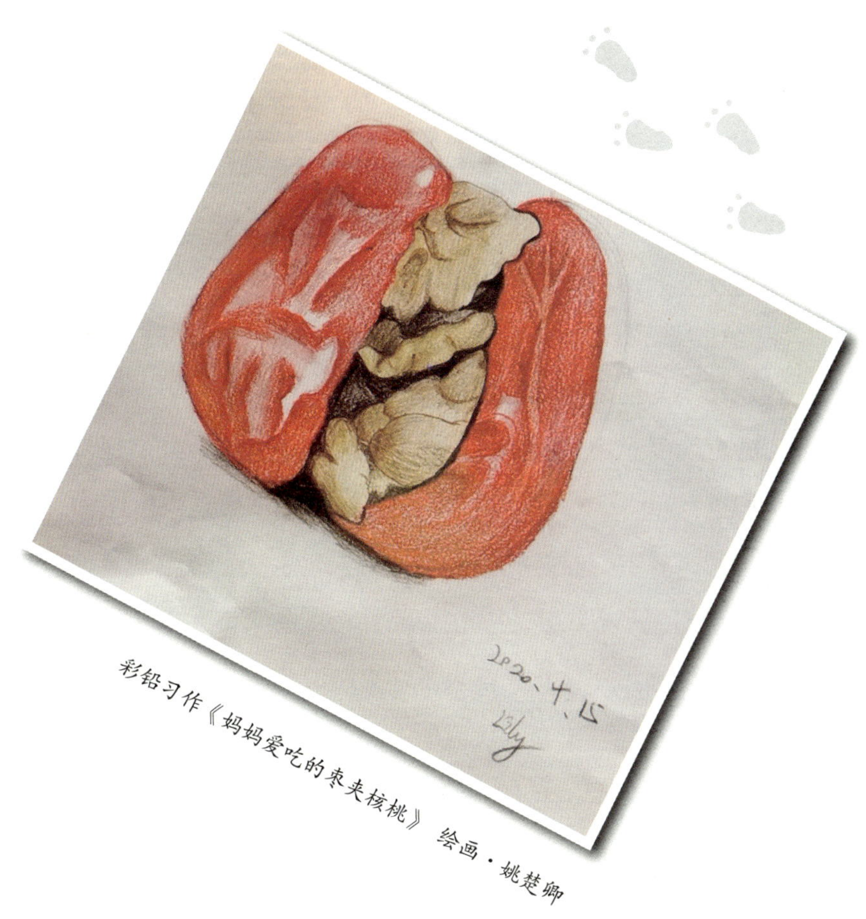

彩铅习作《妈妈爱吃的枣夹核桃》 绘画·姚楚卿

外面的世界真美妙

（2011-08-30）

昨天是可心上幼儿园的第一天，我专门请了假，按幼儿园规定陪着她去了半天。

早上7:30从家出发，一路畅通，十几分钟就到了。因为是我跟着一起去，可心很兴奋，自己背书包，走路都蹦蹦跳跳的，面带微笑走进校门。一路看见老师都主动说："老师好！"真的很标准，就是我想象中上学的样子。只不过老师的反应有点不是让人很满意，有的老师很友好地回应，可心得到鼓励；有些老师不知道是没听见还是怎么的，没反应或者跟别人说话。可心就像受了小小的挫折一样看我一眼，我赶紧鼓励她，使她能把这种最佳状态一直保持下去。

到了教室，已经满满一屋子的人，家长、孩子、老师，本来不小的屋子显得实在拥挤，而且特别嘈杂，大人聊天，小孩喊叫，老师指挥，我头都大了，更别说孩子了。好在孩子们被新的环境和比较丰富的玩具所吸引，还都能忍受得住。我们刚去就开始吃早餐，只有一碗牛奶和几片鸡蛋软饼，可心在家其实已经吃过饭了，但仍然吃得津津有味。饭后室内又陷入一片混乱之中，27个孩子，30多个家长，4个老师，基本上老师的话都被淹没在一片嘈杂之中。据说空调坏了，新的还没有装上，所以屋内温度可想而知，个个汗流浃背，满脸通红。在老师做完自我介绍和大概情况介绍之后，就自由活动了。可心表现很不错，自己在不同的功能区很专心地玩，时不常地会拿个什么新鲜东西过来跟我分享，我都以比较平静的态度回应一下，不敢太热心是怕她跟我玩得开心就不跟别人玩了，为长远计，还是要鼓励她学会跟别的小朋友相处、玩耍，并从中找到乐趣。

喝水撒尿之后，终于到了室外活动的时间。外面也有些热，院子不大，两个班的孩子和家长已经足够让整个院子热闹起来。刚一出楼门，可心就迫不及待地向滑梯跑去，被我拉回来后跟在老师后边跳舞，一直都比较活泼，这可能真的得益于每周在新东方上的舞蹈课和天天持续的游泳，可心变得活泼开朗了很多，胆子也大了很多。开始是一个班的孩子在跟着老师跳，慢慢地有些孩子就不跳了或者玩去了，最后就剩下 5、6 个孩子，可心是其中一个。园里可能把能拿到外面的玩具都拿出来了，孩子们可以随便玩，这也让他们很开心。大概半小时之后，大家又回到了室内。孩子、家长围坐成一圈，由老师主导孩子们挨个进行自我介绍。开始还比较有秩序，一会儿就又乱了，有跑去玩的，有站到圈中间的，有趴、睡在地上的，有哭的，有喊的，没法进行下去了，赵老师宣布自我介绍就进行到这，其他的孩子明天再介绍。可心因为名字笔画较多，排名靠后，还没轮到，一听说不介绍了，立马眼泪就出来了，很委屈，因为我们都做好准备了，我赶快给她解释了一下又打个岔，那眼泪才没有掉下来。

中午饭是米饭、西红柿炒鸡蛋和糯米丸子，都是可心爱吃的。两个丸子很快就吃完了，又要了一次，不过这次老师给多了，可心没吃完。菜汤也喝得不错，竟然把青菜都吃下去了！还不用劝！同一个桌上的孩子，有哭的，有不吃的，有要人喂的，可心完全是自己吃的。总体来看，可心的吃饭水平在他们班是排在前列的。饭后一人发一个香蕉，可心兴奋地告诉我："妈妈，我乖，老师奖励我一个香蕉！"鼓励她之余，又担心可心这种逞强的心理太过的话将来对平庸和挫折的承受能力会差。以我及我周围人的经验来看，个性强的人虽然有成功的动力，但幸福感真不一定就比别人强。作为妈妈，我希望她首先快乐、幸福，成功倒是第二位的。

饭后，半天的"试上"就结束了，我们往回走。可心坐在副驾驶座上，一边吃着香蕉，一边很悠闲地晃荡着腿，车里开着空调，比他们那个教室舒服多了。沉默了一会儿，可心突然说："外面的世界真美妙！"我一下愣住了，真不知道她从哪儿学的这句话，不过这如果是她对自己第一天上幼儿园的真实感受的话，那说明她是相当满意的，这，我也就放心了。

自己睡

（2011-09-29）

9 月 25 日对可心来说是一个值得纪念的日子，因为从这一天开始，可心不再天天晚上都要人陪着、哄着入睡，而是自己一个人躺在自己床上慢慢就睡着了。虽然在她睡着之后，阿姨还是跟她睡一张床，但是因为第二天早上阿姨总是在她醒之前就已经起床了，所以在可心的概念里，她是自己一个人睡了一晚的，这就具有了划时代的标志性意义。

可心黏我，是超乎寻常的，可能因为我对她太好了吧，姥姥是这么说的，我觉得也差不多。从出生到现在，只要我在家，每天晚上都是我给可心洗洗涮涮，然后讲故事，哄她睡觉。可心也习惯了跟我在床上腻腻歪歪、打打闹闹，一起度过睡前的快乐时光，这个时间对可心来说是最有趣的，她可以单独和妈妈玩耍、嬉戏而不受任何打搅，她也是最放松的。因而此时的她总是活跃的、大方的、不受约束的，能够表现出白天难以表现的很多能力。也正因为如此，再苦再累，我都一直坚持晚上哄她入睡。25 号下午，给可心读《小棕熊找朋友》，里边写到小棕熊 2 岁以后就跟妈妈分开了，自己独立生活。我就趁机引导可心，说她已经三岁了，能不能晚上也自己睡觉。可心好逞能，可能小孩子都这样吧，立刻就说：“妈妈，我也自己睡！”到了晚上，刚躺到床上，突然想起这事，就将了可心一下，没想到她竟然同意了。不让我在床上躺，但也没让我回我自己房间，她嫌离她太远。让我躺在她隔壁的姥姥房间，而且还要给她唱叮当叮当的歌。就这样，我在隔壁房间唱着歌，可心在她自己房间一个人睡觉。开始没有声音，过了一会儿，可心带着哭声喊：“妈妈！”我赶紧过去，她坐在床上，正在抹眼泪，说：“妈妈，我有点害怕。”我安慰了她一会儿，本来想搂着她睡觉的，没想到她缓过劲儿来又赶我走了。这一次，等我再过来的时候，她已经睡着了。

第二天早上醒来，阿姨早起了，可心以为自己是一个人睡了一晚，心里觉得很得意，也增强了自信。所以这几天都是她自己入睡。虽然天天晚上都让我躺在隔壁房间，也还会把妈妈叫过去再过渡一下，帮助自己克服一下恐惧，克服一下依赖心理，但可心坚持下来了。

为勇敢的可心点赞！

每一步成长都让我如此惊讶

（2011-11-11）

上次去超市，给可心买了两个拼图，一个是中国地理拼图，另一个是世界地理拼图。玩了几天，可心不仅会独立拼图了，还基本记住了28个省、自治区、直辖市的名字（还有几个没记住），能自己背下来。对世界地理分布、个别国家竟然也都有了概念。昨天晚上在家拼图，可心指着河南省的磁块说："这是河南"，又说："这是少林寺。"我正想夸她呢，她又来一句："那少林五呢？"我们都笑喷了，原来在她的脑子里少林寺就是少林四，再联系她背得熟练的数数，自然地就会问"少林五"了。

最近可心画画的功夫也见长，特别爱玩宝宝涂色游戏。以前她也玩，但总是把颜色涂到线外，遇到大面积的涂色，她一不耐烦还会乱画一通，把满纸都画得乱七八糟的。现在可心的画技提高了，涂色基本都在线内，即使是很复杂的画面，也能涂得比较规整，出线的情况非常少。碰到大面积涂色或者复杂图形，也大多能比较耐心地涂完。通过涂色，对颜色也有了更深的认识，并且知道了一些颜色的英文读法。

这周终于又恢复了上幼儿园，我们仨用尽各种招数，所以可心虽然天天都不情愿，天天都哭，天天迟到，但好在一周都去了。

今天早上闹得最凶，刚一睁眼，就说肚子疼，然后皱着眉头做无限痛苦状说："妈妈，我今天能不能不去幼儿园？"还没等我反应，就先说："妈妈你上班去吧，我跟姥姥在家。"我心一软答应了。可心高高兴兴起了床，洗了脸，吃完饭，姥姥刚一说上幼儿园，她就大哭，摔玩具，踢东西，大大发飙了一回。但怎奈她实在是对付不了我们三个"老奸巨猾"的大人，最后还是被哄骗到了幼儿园。总算是坚持了一周了，明天我得兑现承诺，带她去动物园，然后吃披萨。只是不知道下周该以什么为诱饵才能把她再送去幼儿园了。不过令我欣慰的是，可心每天都在进步，她成长的速度和成果是如此让我惊讶，包括她耍心眼的技术。

等妈妈一起吃

（2011-11-23）

昨天晚上我加班，回家都 8 点多了。一进家门，可心爸爸还没回来，姥姥和阿姨陪着可心在玩。我以为她们都吃过饭了，因为我以前晚回家的时候都会交待姥姥先吃饭，别等我。开始姥姥还坚持要等，被我“严厉”地说了几次之后，她们也都习惯了，都会自己先吃，给我或者可心爸爸留出饭来。昨天一进门，发现姥姥拿着个包子在吃，桌子上啥都没有，我就问吃饭了吗。姥姥说：“没有！”我问为什么？姥姥说：“你女儿不让我们吃饭。”我问怎么回事，阿姨说：“我们本来想先吃饭的，你女儿挡着厨房门不让我们进去。说要等妈妈回来一起吃，然后再给爸爸做。”怪不得姥姥拿个包子在吃呢，原来饿得不行了。

唉，我这个宝贝女儿呀，真不知道怎么说她，我心里是又喜又怕，喜的是她对妈妈的一片真情，怕的是她对妈妈的感情太深了，影响了她对别人的关注和接受。

地球为什么是圆的

（2011-12-08）

昨天晚上回家，心情不是很好，因为工作上的一些事情。吃完饭我一个人躺在沙发上发呆，可心几次蹭到我跟前都因为我没有任何反应又讪讪地走开了，她还是有点害怕我不高兴的样子的。最后她只好和阿姨在旁边一起做游戏，平时都是我们三个一起做游戏。我虽然看着她偷偷瞟一眼我的样子有点可怜，但实在是提不起精神投入那么欢快的游戏，疲惫而落寞。

玩了一会儿之后，可心终于还是忍不住跑到我跟前，趴在我身上，用探究的眼神看着我，问："妈妈，你在干嘛呀？"我低沉着声音说："妈妈在思考。""思考什么？"她问。"思考工作上的一些事情。"可心听了，很无奈地走开了，又不甘心地回来，在我头枕的沙发扶手上磨蹭了半天，又问："是不是思考地球为什么是圆的啊？"我和姥姥、阿姨都忍不住笑了，她知道地球是圆的了？

第一次使用压岁钱

（2012-02-07）

我们在北京没有亲戚，所以每年过年，可心的压岁钱主要来源于外地亲戚。以前，我都是把她的压岁钱给她单独存着，想等她长大了上学或者需要时再用。今年年也过完了，我又把可心的压岁钱整理了一下，正打算存呢。一个同事说他妈妈生病了，每周要做两次透析，每次300~400元，压力很大，只能是维持一天是一天了。听得人很难过，我就萌生了一个想法，想在我们单位给他搞个募捐。跟大家一说，大家也都说应该，一人捐了一些。晚上回家，我跟可心说起这件事，可心也认识这位张叔叔的，最后我问她："张叔叔的妈妈病了，你想不想把你的压岁钱给张叔叔一部分，让他给他的妈妈治病呀？"可心在听说有人的妈妈生病的时候，眼泪就已经要流下来了，我这么一问，她含泪点了点头，哽咽着说："好！"其实可心现在已经知道护着自己的东西了，过节期间收到红包都赶紧装到自己口袋里，有一天还把红包都藏到抽屉里，用衣服盖了起来。我很高兴她能同意，我为我的宝贝富有同情心和爱心而欣慰，同时也希望小张同事的妈妈能够早点好起来，更祝福天下所有的父母身体健康！

喂鱼

（2012-04-09）

周末，我们去家附近的一个小公园玩，主要是为了晒晒太阳。公园小，人不多，但是鱼很多。去之前我专门买了两个馒头，就为酣畅淋漓地喂喂鱼。已经是中午了，太阳暖暖地晒着，可心爸爸和姥姥坐在长椅上聊天，我带可心在木桥上喂鱼，周围静静的，只有柔柔的春风偶尔拂过，柳枝划过空气的声音，静谧、安详，不禁让人感叹生活是多么惬意而美好。

我们把一个大馒头都喂完了，第二个馒头刚拿出来的时候，木桥上又来了三个人，一个比可心小的小男孩和他的妈妈。小男孩走路还不是很稳，但会说话，看见桥下池子里那么多鱼，高兴地直叫，看到我们在喂鱼，也大声地喊："妈妈，喂鱼！我要鱼食！"小男孩的妈妈一边打电话一边给孩子解释没带鱼食，承诺下次一定给他带鱼食。可是小男孩不干，不停地叫着要鱼食。可心正喂着呢，突然跟我说："妈妈，给我掰一块。"我还以为是她手里没馒头了，没想到她掰了一大块馒头之后，主动走到小男孩的妈妈跟前，也不说话，举起馒头递给她，小男孩的妈妈开始还没反应过来，后来明白了之后激动得一个劲儿地说谢谢。可心只是笑了笑又走回到我身边继续喂鱼了。我吃惊之余，给了她一个鼓励的微笑。小孩子大方点好，不要对东西太在意。后来跟姥姥说起这件事，姥姥说，可心还是很善良的。这让我回想起前几天的一件事，忘了在说什么事呢，我说你给别人的钱多了，咱们的钱就少了，可心大大咧咧地说："那你再去挣呗。"看来她对人倒是挺大方的，这点我很赞赏。

今天的喂鱼让我想起在紫竹院的那次喂鱼，是一个不认识的小朋友给可心面包让她喂鱼，这也许就是善意的传递吧。

水彩习作《草莓》 绘画·姚楚卿

小孩的问题都是大人的问题

（2012-04-16）

前几天心情很不好，因为可心不太听话，无论什么事情，稍有不如意，就大发脾气，而且发脾气的方法有点吓人，就是比较激烈地又哭又闹，在地上打滚，甚至哭得干呕。弄得我和姥姥两个人都没脾气。因为我一直提醒自己不要娇惯孩子，所以可心一哭闹，我一般都坚持不妥协，有时候反倒在哭闹之后更严厉。我以为这样就可以给孩子养成一个良好的习惯，至少不给她惯出毛病来。哪知道我越严厉她越闹得激烈，我又怕我要妥协了，从此她就用这招来要挟大人了，真是纠结。大概一个月的时间吧，可心已经大闹了两次，可是我跟老师交流，老师却说她在学校可乖了。确实跟别的小朋友在一起的时候，他们都夸可心乖，她也确实表现得很懂事和成熟。在手足无措之际，我真是心灰意冷，悲观之极。因为我实在不明白，我投入了这么多的爱心和耐心（这对我来说尤其难），孩子却这样，我却不知道其中原因何在，又为孩子担心又为自己委屈，我真打不起精神了。

有天可心又在对姥姥大喊大叫，其实是因为我跟姥姥都抢着干活，为了让对方听自己的都不惜大声阻止对方干活。可心不知道内情，以为我们吵架了，她当然就跑过来站在妈妈一边，对着姥姥大声喊叫，批评姥姥不听妈妈的话。她喊的都是我们说过的话，连说话的语气、表情、眼神都一模一样。我突然明白了可心最近脾气大的原因。因为我最近脾气也大，因为我在她不听话的时候采取了以暴制暴的错误方法，也因为我平时跟姥姥有争执的时候采取了简单粗暴的语言方式。孩子除了吃是本能外，其他言行举止都是她跟周围的人和环境学的，家里人是孩子接触最亲密的人，她的动作、语言、习惯甚至就直接是家人行为的复制。我脾气一直比较急，缺乏耐心，虽然自从有孩子之后，已经很注意涵养性格，在孩子跟前尽量不发急，跟她说话几乎都是温柔的、耐心的，但是经常地即便当着她的面，跟别人说话就没这么好脾气了，有时候跟姥姥、跟可心爸爸说话都比较不耐烦。虽然我跟姥姥发急的大多数原因都是不让她干活，劝她别过于节省、亏待自己等，但因为跟可心已经几乎耗尽了我的耐心，所以经常采取的是错误的态度来对姥姥好。而姥姥和我一样，我们都认为自己所坚持的是为对方好的事，因而坚持让对方放弃，所以就常常在语言上产生冲突。可心并不了解我和姥姥像吵架一样说话的内情，她看到的就是表象，这就给了她一个很不好的示范。

明白了可心脾气暴躁的原因，我跟姥姥好好谈了一次，首先检讨我自己，并且表态从今天开始，我不仅不跟可心发脾气，也改正跟姥姥说话的态度，其次提醒姥姥，在可心不听话的时候，我们大人千万不能采取以暴制暴的方法，而是要更有耐心，更理性，给可心营造一个温馨祥和的环境，这样试试看，把她的性格从小就往柔的方向引导，让她想脾气大都没地方学去。

大人的谆谆教诲抵不上一个眼神，你的苦心孤诣抵不上一次随意的示范。所以说小孩的问题一般都是大人的问题，我们做父母的，要首先从自身开始，要求孩子做到的，自己先做到，给孩子一个好的榜样，营造一个良好的环境，我想效果可能会好得多吧。

彩铅习作《玫瑰》 绘画·姚楚卿

爸爸的信

（2012-04-26）

前几天跟可心在家玩邮递员的游戏，就是一个人扮演邮递员来敲门、送信，一个人扮演收信人，俩人有一段对话。到我扮演邮递员了，我敲门、进门，把信送给可心，她问："从哪儿来的信？"我答："从成都来的。"她又问："谁寄给我的？"我答："你爸爸。"这都是随机编的，因为可心爸爸在成都出差。本来接下来该说再见了，可心临时改变了台词："你给我念念信吧。"我只好拿着空信封随口念道："宝贝：爸爸好想你。爸爸也想早点回到你身边，但是工作没做完……"刚念这么两句，可心哇的一声就哭起来了，眼泪哗哗地流。我赶紧哄她，正在这时爸爸正好打电话回来了，可心拿着电话带着哭音跟爸爸说："爸爸，我想你了。"估计电话那头的爸爸也感动得一塌糊涂。很久，可心才止住了哭泣。但她又让我给她念信，我刚一开头她就又眼泪汪汪的了。如是者不知几回，一直到钻进被窝的前一刻，可心还在让我给她念信。唉，那晚，可心是把那张被当作爸爸来信的纸放在枕头边睡着的。

幸福来得太突然

（2012–05–16）

最近因为跟可心着急，本来我都已经煎熬得快受不了了，昨晚突然地，可心又特别听话，虽然因为沉迷于玩乐高积木睡得有点晚了，比平时晚了半小时，但是在我要求洗漱时，自己刷牙、洗脸，等我给她倒了洗脚水之后，又很快坐在凳子上，把脚放进去，然后说："妈妈，你去洗脚吧，我自己洗。"当时我有点高兴晕了的感觉，都不知道这是不是真的了，激动之余赶快自己洗了脚，免得一会儿我再拖了她的后腿。正在这时可心爸爸打来电话，我跟他说了可心晚上的表现，爸爸也激动不已，跟可心电话聊了一会儿，感慨地说："可心长大了，说话真像个大人了！"今天早上起床，本来没到可心起床的时间呢，我先起了，就喊了她一声，本意是想给她留出更多的时间磨叽的，没想到我洗完脸出来人家已经穿好衣服站在地上了。

总结昨晚和今晨可心优异表现的原因，我认为有以下几点：

一、之前都比较高兴，情绪比较好，没急没发脾气。

二、每件事在做之前都给了她相当长的预备时间。

三、大人没有过多干预，在应该退出的时候及时退出，把舞台交给孩子。

四、在给她规定了任务之后，给她更大的自由度，大人没有过多参与细节进行干涉。

五、及时给予外界的肯定（比如她爸爸的电话）。

以上五点还是说明孩子的问题依然是大人的问题。虽然这猫一天狗一天的让人摸不着门道，但有了转好的迹象，总算给了我信心和力量。

幸福来得太突然！

彩铅习作《兰花》 绘画·姚楚卿

给你留的

（2012-06-19）

虽然带孩子体力上仍然很累，但最近可心很乖，我就觉得又轻松又幸福。以前最纠结的每天洗脸刷牙什么的，现在她已经养成习惯了，所以基本不用废什么话就能按时完成。如果这些生活习惯的养成也算作规矩的话，我想前段时间应该算作规矩的制定期，所以比较艰难，遇到很大的阻力，因为我的处理方式不当，所以引发剧烈对抗。目前阶段应该算作规矩已经被基本接受，而且因为我调整了引导的方式，化解了对抗情绪，所以规矩被基本顺畅地延续下来。不仅是我，姥姥也及时调整了教育方法，刻意改善两人之间的关系，我也随时提醒让可心感知姥姥为她所做的一切，所以和姥姥相处得也不错了。很有成就感啊！

可心特爱吃鹌鹑蛋，前天去超市看见了就给她买了一盒。昨天早上，姥姥给可心煮了四个鹌鹑蛋，她吃的时候我就去洗澡了，等我洗澡出来，可心指着桌上的碗喊："妈妈看！"我一看，里边是一只鹌鹑蛋，我以为她只是让我看一下呢，就哦了一声，继续走，可心又喊让我看，我就问："鹌鹑蛋啊，怎么了？"可心说了一句话，感动得我差点掉泪："妈妈，我给你留的。"她那么爱吃，还从自己仅有的四个里给我留了一个，妈妈很满足啦。其实不仅是这次了，最近已经几次了，可心吃个什么好东西，特别是她自己特爱吃的、她认为是好吃的东西的时候，都会颠颠地主动给我尝尝，这让我心里很温暖。美中不足的是还没有主动给姥姥，这还得继续教育啊。

水彩习作《灵感》 绘画·姚楚卿

大连游

（2012-07-31）

可心4岁了。到底是大了，一个月前就开始关注自己的生日，天天念叨。可心的生日正好是放假的时候，我一直遗憾她不能和小朋友们一起在幼儿园过生日，今年假期正好特殊，所以她也可以在幼儿园和小朋友们一起过生日了。提前两天的周末我就订好了蛋糕，也跟老师协商好了，让把蛋糕直接送到幼儿园去。可心非常期待这一天，每天早上起来都会掐着指头算还有几天就到“我的生日”了。

终于到了24号这天，可心一大早很兴奋地去了幼儿园。下午3点，蛋糕送去了，老师组织了一个热闹的生日Party，可心切蛋糕，分给每个小朋友，大家一起给她唱生日快乐歌。不过美中不足的是，我们原来订的是晚上八点的火车去大连，可是因为票太紧张了，我2点才拿到票，而且一看是晚上6点的，所以3点40分就匆匆忙忙把可心从幼儿园接出来了，出来的时候她还带着生日帽呢，蛋糕也没分完，自己倒还吃了几口。如果不是这么匆忙，她可以多享受一会儿和小朋友一起过生日的快乐呢。

一夜颠簸，一大早到了大连，酒店不错，可惜的是我们去早了，还不能入住，必须得等到10点多有人退房。只好把东西寄存在酒店，老老少少8口人，去旁边的南山公园遛早，风景还不错，也是个不错的体验，顺道在早市吃了个早餐，10点多终于入住，四位老人一个小孩都累了，大家就洗洗先睡了，因为火车上毕竟睡不踏实。下午都歇过来了，打车去逛了有名的几个广场，最有趣的是星海广场，不是因为景色有趣，而是可心的游法。中午睡觉的时候可心太激动一直没睡，到我们打车去星海广场的时候，在车上她睡着了。一直到下车都没醒来，我只好抱着她坐在广场边一个卖汽水的凳子上，可是太热了，而且大家也都不好意思走。最后我们分工决定，张阿姨带四位老人（我们昵称四大金刚）去逛广场，李叔叔帮我把可心抱到一个疑似酒店的地方，我抱可心在大堂睡觉，然后他再去找他们。可等我们费劲巴哈地抱过去，才发现那是个售楼处，而且人家不让进，说要预约。只好继续往前走，看见广发银行的一个营业部，我们进去说明来意，真不错，同意我们在大堂休息。我先是抱着她，后来实在抱不动了，就放在大堂的沙发上，又怕她冷，实在没得盖就拿了一摞报纸给她盖上。就这么着可心睡了两个小时！在这两个小时的时间里，我们还在银行上网订了第二天去老虎滩海洋公园的票！这里得着重感谢一下银行工作人员，特别是两位怀孕的女士，不仅让我们进去休息，还给我们送水喝，真是好人！以后把钱都存广发了！也祝愿她们的宝宝健康、平安！

第二天的老虎滩海洋公园玩得最高兴的还是可心，海豚表演、白鲸表演都很精彩，本来可心最期待的海狮、海豹表演却没看，因为她看见了大海和沙滩，就哪儿都不去了，我们只好又兵分两路，张阿姨李叔叔带“四大金刚”去看表演，我带可心在海滩上玩。前边几个馆人都太多，等我们慢慢悠悠逛到第四个馆的时候，已经差一个小时就闭馆了，这倒好了，除了我们没别人，反倒消消停停地逛了个珊瑚馆。可惜的是姥爷姥姥走不动了，就没去成鸟语林。

第三天去了付家庄，本来这一天是我们的重点项目，去游泳啊。结果到了付家庄才发现有些失望，因为没有沙滩，沙滩都是小石子，特别硌脚，“四大金刚”根本没有走到海边，就在海滩上租的阳伞底下坐了几个小时，我们仨倒是带可心下去游了会儿，才算没白来。不过中午在海边的餐厅吃海鲜，“四大金刚”都说味道不错，他们还第一次吃了海胆。

第四天大家都略微有些累了，所以早饭后我们就在酒店花园里转转，照照相，下午又去码头和俄罗斯风情街看了看，运动量都不大，傍晚的时候我们四个年轻的去了金沙滩。（本来是要去棒棰岛的，司机说晚上回来打不到车，所以听司机的改了。）但是金沙滩让我们大失所望，仍然没有沙滩，就那个石头滩也脏得不得了，我们凑合游了会儿就回去了。就这凑合游的一会儿，我搂着可心被海浪劈头盖脸拍了一下，鼻子、眼睛、嘴巴都进水了，因为注意力都在可心身上，所以我不记得有什么不适，可心肯定特别难受，小哭了一会儿，后来在张阿姨的鼓励下还是又下水了，但不要我带了，让叔叔和阿姨带着。我比较欣慰的是在被海水拍进水里的那一刻，我右胳膊一直紧紧地箍着可心的脖子，把她的头使劲往水面上抬，而且一直没有丧失这个意识。

我们这个旅游团，八个人，其中三位近80岁，一位近70岁，一个四岁，就剩三个40多岁算是年富力强的，唉，这一路好辛苦呀。不过，好在四位老人一个孩子都玩得挺高兴，这样我们也就开心了。值!

临摹习作《马拉车》 绘画·姚楚卿

真放假了

（2012–08–13）

大连游玩回来之后的直接后果就是可心不爱上幼儿园了。本来上乐嘟嘟没有任何障碍，感觉好像比上原来的幼儿园还高兴些，大连回来之后就不去了，中间只去了一天，实在是被我们逼得没办法才去的，被咬了两个疙瘩之后又不去了。上周五说好的，在家再歇一天，这周就好好去上学，结果今天早上还是不去，怎么威逼利诱都不去，而且开始找茬不高兴，一旦同意了不去立刻就高兴了，也懂事了，听话了，敢情前边不听话那是闹情绪呢。

其实这个结果昨晚就预料到了，所以在她睡着之后我就抓紧时间和姥爷姥姥紧急磋商了一下，如果第二天早上她还不去怎么办，我们的立场是什么，坚持不坚持送？姥姥的意见是不送，因为这个月也没几天了，让孩子在家好好休息一下。姥爷担心她养成这样的习惯，将来真开学了也不按时上学不就麻烦了？我也有这样的担心，同时还担心姥爷姥姥太累。最后协商一致的结果就是实在不愿意去就算了，我们已经交到幼儿园的押金人家要不退也就算了。虽然这样算起来等于在乐嘟嘟上了三个星期零三天交了 3300 多块钱，也没办法了不是？

据姥爷姥姥说，上周在家的一周，可心还是很乖的，因为一开始我就给她交代好了在家必须听姥爷姥姥的话，否则就去幼儿园，这个要求督促她特别自律，因为她想待在家里。想想小孩也可怜，就让她在家放养三周吧，三周之后又该上学了！只是辛苦了姥爷姥姥！

说实话，可心在家也并不是完全放养，姥爷来后每天都给她教不少东西，一到十的加减法都学完了，虽然不一定都能记住，但至少树立了一个概念。还有日常的很多常识性的地理、天文、生活知识，可心的每一个"为什么"都能得到姥爷深入浅出的解答，而且是那么耐心，所以可心已经从姥爷刚来时的排斥到特别喜欢姥爷，经常在得到一个满意的答案之后由衷地赞叹："姥爷知道的真多！"昨天中午午睡起来一看，姥爷不在家，赶紧问姥姥："爷爷呢？"姥姥逗她："爷爷回西安去了。"可心很失落地在家转了半天，突然欣喜地说："姥爷没走，箱子还在呢！"对家人的定义也发生了变化，刚来时说："我家有四个人，爸爸妈妈，奶奶和我，爷爷是西安人。"现在说："我们家有 5 个人，爸爸、妈妈、爷爷、奶奶和我。"

真希望姥爷能长期在这儿，我们的生活也更像生活了！

寻找萤火虫

（2012-08-30）

去年夏天在香山开过一个星期的会，每天晚饭后去香山公园里散步，走着走着天就黑了，萤火虫慢慢地从草丛中飞出来，它像不怕人似的，绕着行人翩翩起舞，上下翻飞，那场景真是太美妙太浪漫了。一直想带可心去看看萤火虫，想让她感受一下那种曼妙的境界，所以从春天开始，我们就经常在傍晚出发去香山，为的就是能看看萤火虫。但是四次了，只有上次看到了一只，还是只看到一瞬就再没影了。我想可能是季节没到的原因吧，上网也没查到萤火虫的活动周期，去问了公园的管理人员、餐厅茶座的服务人员，他们也不知道，没有明确的印象是几月它们会来。如此我们只好一遍一遍，隔几周就去一趟。

昨天晚上突发兴致，带着可心叫上张阿姨我们又去了，去之前我还查了去年开会的时间，9 月初，跟现在差不多。闭园前半小时，我们进了公园，因为天没黑就先玩了会儿，然后又去吃饭。7:30 左右吧，天黑透了，我们走出公园内的餐厅，一轮圆月高挂空中，公园里树多，尤其是大树多，所以还是有点黑乎乎的。突然，前方树下的阴影里，一个有点发绿的亮点慢慢地移动着，“萤火虫！”我们三个大叫着冲过去，荧光突然没了。一会儿，在离我们几步远的地方，荧光又出现了！这回我们都放轻了脚步，可心还及时地喊了句："要蹑手蹑脚！"这是上次来看到一只的时候我教她的，还没忘。追着追着，又没了，再等了好久都没再看到。我们又往前走，还是没有。记得网上说萤火虫喜欢水草丰美的地方，我决定掉头往眼镜湖方向走，可心却说她走不动了，中午没睡觉的原因吧，来的路上激动得也没睡觉，我只好背着她。通往眼镜湖的路上树木葱郁，完全看不到月光，刚走一点，就看到一点绿光向我们飞来，可心一个鲤鱼打挺，从我背上跳下来，直冲发光体而去。张阿姨带着可心，蹑手蹑脚地靠近，轻轻举起两手，看准位置后再猛地两手相扣。"抓住了！抓住了！"她们俩的喊声同时传过来，可心的声音尤其兴奋，睡意再也没有了。我拿着刚刚喝完的矿泉水瓶，张阿姨小心翼翼地把那个发光的小虫放进去，空瓶立刻亮了起来。果然没有白来，刚放进去一个，又看见一个、两个、三个小光点慢慢悠悠地飘过来。离眼镜湖越近好像越多，我们三个兴奋地不断喊着："看那儿！看那儿！"虽然没有周围环绕着一群萤火虫的景象出现，但也络绎不绝，源源不断。突然，可心兴奋的变了调的声音传过来："妈妈！快来！我抓住一个！"我简直难以相信，可心竟然能抓得住！竟然敢抓！但是是真的，她轻轻张开小手，手心里真的有一只！

我是负责拿瓶的，因为我不敢抓，可心和张阿姨一直兴致勃勃地抓，最终我们抓了六只，加上别人送的两只，共八只。

我怕瓶子不透气，一直不敢盖瓶盖，但它们老往外跑，后来从车里找到一个粗布手绢，把它们又都转移到手绢包里，空气充足的原因吧，它们在包里大放异彩。9点半左右我们从公园出来，刚开出去一点可心就睡着了。她倒睡得心满意足，可怜我又扛着“一袋面”回家，累得腰酸背痛。回家姥爷用个透明塑料宽瓶把虫虫们装起来，扎了好多眼让它们透气，还放了片菜叶进去，今天早上看虫虫们在里边玩得还很欢呢。

终于完成了一个心愿，带可心看萤火虫，而且她玩得那么开心，我也很满足很满足了。

老师会不会不认识我了

（2012-09-24）

去韩国开会之余，给可心买了好几件新衣服，又不贵还很好看，质量也特好。其中有一条裙子，可心看了就喜欢得很，本来昨天就要穿的，我都给拿出来了，她说："要不今天不穿了，我明天去幼儿园再穿吧。"我真是有点惊讶于她的自制力。今天早上起来天有点阴，怕她冷我就假装忘了这回事。姥姥拿了其他的衣服让她穿，她倒记得很清楚："我今天要穿裙子的！"没办法只好穿呗。穿长筒袜的时候她很激动，因为在她眼里这是大人才穿的，能穿就表明自己已经长大了。我给她套上漂亮的裙子，可心神秘地对我说："妈妈，我今天穿这么漂亮的裙子，老师会不会都不认识我了？"今天又给她梳了个跟平时不一样的新发型，她也激动得很："妈妈，老师肯定不认识我了！说我漂亮了！"看她这么重视自己的形象和在老师心中的印象，我都觉得有些对不住孩子，因为平时忙，也因为我自己不太注意形象，所以很少刻意打扮她，都是简洁、干净就行了。这会不会已经影响了她的自信心？会不会已经让她在跟别人对比的时候影响了她的自我评价？看来以后得多花点心思，虽然不能把孩子往注重吃穿上引导，但也要注重她的形象和她爱美的愿望，不能像我一样打扮得太中性化哦。

累

（2012-10-29）

可心每天的英语课给我造成很大压力。今年因为教委要求，幼儿园取消了外教英语课。后来别的比较有心的家长，联系了新的外教课，我们也就一起参加了。效果是不错，但大人、孩子都挺累的，每天幼儿园 5 点放学，我紧紧张张地赶过去，接了孩子再送去上英语课，一直等到 7 点左右下课再带孩子回家，每天吃完晚饭都 9 点了。收拾收拾又该睡觉了。一天两天还好，周一到周五天天都这样确实有些累。不仅是我，其实孩子也累。在幼儿园拘了一天，再接着去上课，没有休息和活动的时间，特别是没有运动的时间，其实对孩子也不好。所以上了 12 节课之后，我又开始纠结了。还有一点就是比较累心，可心不是那种特活跃的孩子，所以我总是得操心如何调动她对课堂的兴趣，她在课堂上的反应，以及她跟同学的相处。你用力，她不一定就往你想的方向发展，这是一累；跟老师沟通交流，老师是一个意大利人，只会很少的几句中文，我得说英语，这是第二累。这两累折腾得我这两周都快崩溃了，压力山大。办法只有两个：调整心态和学习英语。对孩子不能只按自己设计的路子走，得看她想走什么样的路，她是什么样的性格，我尽量为她提供她需要的帮助，但不是提供我想提供的，这是我调整之后的认识。我20年不用英语了，单词都忘光了，现在每天还得想怎么说英语，这叫一个痛苦！每天可心睡了，我就开始泡着脚学英语，以期唤回一些关于英语的记忆，不过也有收获，那就是自己感觉口语大幅度提高，而且实践证明，跟老师简单聊个天也还能够应付。

再次就是家务活儿的压力。姥姥上上周手被烫伤了，左手大拇指，不能碰水。姥姥很坚强，还硬撑着每天帮我做大量的家务活，饭都是姥姥做。但至少，我要每天洗衣服，可心的，我的，这些以前都是姥姥洗，还有洗碗、洗菜、拖地等。这段时间每天上完课回去都挺晚的，所以洗衣服就只能放在可心睡觉以后。刚刚过去的周六就累得我腰都直不起来了。早上9点起床，早餐后带可心下楼玩了一会儿，然后跟她一起去买菜。中午12点半回来后和姥姥一起做中饭，饭后洗碗。然后摘菜、洗菜、晾菜，打算腌雪里蕻（这是我们觉得好玩，想尝试一下）。下午4点半忙完，给可心洗澡，然后给姥姥洗头，然后洗衣服。在这中间姥姥把晚饭已经做好了，饭后洗碗、拖地、给可心讲故事，等把可心哄到床上，我已经直不起腰了，因为从早上都晚上，我连一分钟都没歇过。所以当我说要找个小时工，而姥姥又反对的时候，我没好气地说你是要我命还是要钱！别怪我态度不好，我实在是撑不动了，我难道是铁人吗？

最后就是精神压力。在单位吧，除了要考虑枝枝节节具体实施问题外，还要考虑发展的问题、战略的问题。而家里老的老，小的小，离了我连顿饭都没法吃，所以我的压力可想而知。而可心爸爸大部分时间都在成都，就是回来几天，他还要联络朋友、客户、领导，没有时间顾家里的事，所以家里所有的事都压在我身上。压力来源于无论单位还是家里，所有事情的决定权和承担决定带来的后果的责任都在我一个人身上。

彩铅习作《荷花》 绘画·姚楚卿

不赖床了

（2012-11-07）

这周可心早上起床一点儿都不费事。我只要一叫，立马一骨碌翻身坐起来，洗漱、如厕、穿衣、下楼可利索了，快得我都没时间吃早饭，假如跟她一起起床的话就只能在等电梯的时候囫囵吞几口。

原因何在啊？只因为她在我们小区最要好的小朋友天天转到她的幼儿园了，每天他们一起上幼儿园，还比赛谁先下楼。这就是动力。

两个孩子对每天能一起上学很兴奋，在班里玩得也很好。可心早上起床也不赖床了，对上学更积极了。但不好的影响，一是每天放学后他们还想一起回家，所以可心就不太愿意去学英语了；二是两人在班里成了个小团伙，跟其他小朋友的交流就少了。所以这两天每天我都提醒可心："要跟天天做好朋友，也要帮助天天认识你自己的好朋友，你们都成为好朋友，好朋友越多越好。"

孩子成长的每一步都让人牵肠挂肚啊。

感谢老师

（2012-11-09）

这学期开学两个多月以来，可心变化特别大：一是每天早上起床不困难了，一叫就起；二是对老师、对同学的感情很深，说起幼儿园的生活总是很向往；三是更开朗、自信、乐观了。这些变化我看在眼里喜在心头，女儿健康快乐地成长是父母的心愿，但我也深知，孩子的变化离不开老师的辛勤教诲和无私付出。

可心去年刚上幼儿园的时候，还有些不适应，所以每天早上起床来园都是个困难的事，我也急过，发过脾气，但是都不管用，反倒把孩子的脾气也带坏了。后来我及时跟赵老师沟通，在赵老师的鼓励和引导下，她在幼儿园有了越来越多的好朋友，环境也慢慢熟悉了，所以到第二学期的时候，孩子就很喜欢来幼儿园了。

通过一年的相处，孩子对老师产生了很强的依赖和感情。早上我在家给她梳个新发型、换套新衣服，她的第一反应竟然是说："赵老师会不会不认识我了？"做了好事我表扬她的时候，她也会说："赵老师要是知道会不会高兴得跳起来啊？"有时候，她会突然冒出一句："任老师最喜欢我了！"或者很高兴地自己唱首歌，然后很自豪地说："这是李老师教我的！"

孩子是最不会说谎的，孩子自然流露出来的对老师的感情，那是她心中最纯净的感情，更是她内心对老师最真实的认可。10 月份，可心生病有一个多星期都没去幼儿园，在家养病期间，赵老师经常给我发短信问孩子的情况，每次可心知道赵老师发短信来都会很激动很高兴。有一次吃药的时候，她不想吃，因为那个药确实很难吃，说了很久她都不吃，我灵机一动，拿起手机说："赵老师来短信了，她问你吃药乖不乖。"结果可心立刻很勇敢地一口把药吃了，然后咧着嘴说："妈妈，你告诉赵老师，我吃药很乖的，明天我就去幼儿园，我都想她了。"

可心胆子有点小，有时候不太自信。发现这个倾向后，我及时和赵老师进行了沟通。赵老师就采取了非常好的方法，有意识地鼓励她。比如对她的每一点进步都及时地给予肯定，知道她喜欢为大家服务就让她给小朋友们发作业，帮老师擦擦桌子。这些看似是小事，但对孩子却意义重大，因为她从这些小的活动中找到了自我价值的实现，这无疑是对她最好的鼓励。这段时间，可心几乎每天回家的路上都会很兴奋地跟我说："妈妈，今天赵老师说我是最棒的！""妈妈，今天赵老师表扬我和天天了！"这些鼓励将成为最好的推动剂，在孩子的成长道路上，给予他们最温暖、最持久、最有效的帮助，并伴随他们一生。

人要对自己的行为负责

（2013-01-06）

刚开始课外上英语课的时候，可心其实很勉强，但她不是那种不乖的孩子，所以一直都坚持着。有天鲁克死活不上，又哭又闹，第二天，可心也就来了这么一下子。那天是周五，放学早，开始在一块儿玩的时候，她挺好的，也挺高兴的。老师一来，说要上课了，她立刻说困了，不想上课。鲁克的爸爸说那就休息会儿吧，她就躺里屋床上去睡觉了。本来我想睡就睡吧，孩子也挺辛苦的，但她躺床上之后又不睡了，又要玩游戏。那可不行。我劝了好一会儿，可是怎么说都不上课。我就想放孩子一下，但是又不能放得太轻松了，否则她养成习惯了以后想上就上不想上就不上，那还了得。本来说好第二天周六带孩子们一起出去玩的，于是我对可心说："可心，妈妈知道你有点累，但是妈妈还是希望你能把课上完。现在有两个选择，你来选。一是现在上课，明天咱们跟鲁克还有其他小朋友一起出去玩、野餐。第二个选择是现在不上课了，咱们回家去，但是明天你不能出去玩，在家。你选哪一个？"可心想了想说："我回家。"我同意了，就带着她离开上课的地方回家了。

第二天一早，才6点多吧，可心就醒了："妈妈，快起床！

今天要出去玩，去野餐！”我故意冷冷地说：“今天是要去野餐，但不是你，是鲁克他们。因为昨天我让你选择了，你选了不上课，今天也不出去。”可心听了立刻大哭起来：“不！我要野餐！我要野餐！”我说：“可心，一个人要为自己的行为负责任，你已经长大了，昨天我也让你选择了，那今天你就要承担你选择的后果。”说完，我也不管她听没听懂，掉过头就又睡了。可心哭了一会儿，不哭了；过一会儿又哭了，又不哭了。就这样哭哭停停，终于她不哭了，又躺下睡了一会儿。等起了床吃过早饭，可心又提起去野餐的事，早上的那一幕我们俩又重演了一遍。后来可心就没事了，我们一直在家里连楼都没下。大概下午 4 点的时候，我带她下楼玩了会儿。但是从此，凡是我给她选择的机会，并且她自己做了选择的事情，如果有什么她不喜欢的连带后果，她也都能够比较淡定地接受，没再哭闹过。

如此看来，上课事件引发的对“人要对自己的行为负责任”这句话的理解，在可心来说，是深刻的，也是有效的。

零食

（2013-02-16）

也不知道怎么的，就给可心养成了吃零食的习惯，其实我几乎是不吃零食的。为了给她纠正这个不好的习惯，真是想了不少办法，开始是用控制的方法，所有的东西都锁起来，能不给吃就不给吃，实在不行的时候才给拿出一点点来。平时的零食摄入是少了，但她对零食的欲望却更强烈了，一旦有机会吃的时候那可真是狼吞虎咽，就像饿了仨月似的。特别是去别人家的时候，我都觉得丢人得不行。

后来又改用放的方法，所有的零食都敞开放，只要我在就想吃就吃，可能姥姥有时候会管一下。刚开始的时候可心还不太习惯，每次吃之前都先看看我，点头了才吃，不点头就不吃，好像不太相信自己有这么大的自由裁量权似的。一段时间之后，就自己直接拿着吃了，我看着她吃，心里头暗暗着急，但我绷住了，没制止她。又过了段时间，她自己就没兴趣了，特别是对那些放在那儿敞开了吃的东西，饿了都不愿意吃。但对新的零食还是很有兴趣。总体看来，第二种方法比第一种效果好。

现在我又改变了策略，放还是放，但不停地给她灌输吃零食不好的思想，比如对身体有害呀，容易长胖呀，没有营养呀，对牙齿不好呀，都是垃圾食品呀。她肯定是记住了，也吸收了接受了，有时候我不让她吃，她会主动给我补充一个不让吃的理由。我以为大功告成了呢，但是经过昨天和今天发生的两件事，我才顿悟，她青出于蓝而胜于蓝地领会了这些道理的精髓，还会活学活用了呢。

昨天在火车上，虽然到了晚饭时间，但我们都不太饿，所以就想着回家再吃，就先对付着垫点东西，我买了一桶薯片。以前从来没给可心买过这种油炸的薯片，买的都是非油炸的，她现在都不吃了。这一吃上了油炸的，那叫一个香，抱着就不撒手了。开始我们还并排坐在一起，她吃一口我吃一口，到剩半桶的时候，我一伸手去拿，可心就闪了，不让我拿。我说："可心，怎么不给妈妈吃？"可心瞪着她的大眼睛，天真无邪、一脸无辜地说："妈妈，我喜欢你，所以我不让你吃垃圾食品，我都吃了吧。"

今天早上，可心又一次把她的聪明才智应用在吃上。姥姥看见了我们拿回家的薯片桶，说："这是什么？"可心马上来了个薯片保卫战："姥姥，这是垃圾食品，吃了嘴上长泡。"

唉，这就是我聪明的可心吗？

过年

（2013-02-19）

从2007年底我怀孕开始，六年的春节我们都是在北京过的，今年可心是大孩子了，她也愿意出去走走，可以换一种过年的方式了。但是今年姥爷姥姥假期来北京帮我看孩子，所以后来就有了一个新的过年方案。大年三十和初一，我们三口和姥爷姥姥在北京过，初二出发，我们三口回铁厂和爷爷奶奶一家人一起过年，初六再回来。这样初二到初六，姥爷姥姥在家也可以休息清净一下。计划一订，跟姥爷姥姥、可心爸爸一商量，大家都同意。

回家当天，可心还有些生分，毕竟很久没见他们了，可心也把我缠得死死的。不过家里有曼曼、雨瑶和博鑫，四个孩子一会儿就熟得不能再熟了，在一起玩得可开心了，又是盖房子，又是买东西，还扮起了怪兽拦路，一直到晚上十点多。雨瑶和曼曼要走，去雨瑶家睡觉，我们留在奶奶家睡觉，可心有点意犹未尽，更舍不得她们走，可又不好意思说，就恋恋不舍地拉着我的手，扭啊扭啊的，送走了她们，讪讪地睡了。第二天一早，刚吃完早饭，可心就问："姐姐她们怎么还不回来啊？"又是一天疯玩，把沙发当蹦床都快蹦塌了。到了晚上，姐姐们又要走的时候，可心终于绷不住了："我也要去小姑家住！"我不放心，小姑一个人怎么带三个孩子呀？我再去家里又住不下。但是可心就是要去，我不去都要去，她小姑也同意，说她带得了。最后，可心终于如愿，三个小姊妹一起去小姑家住了。第二天早上回来的时候还在外面给我们买了煎饼果子当早餐。这是第一次我在，而可心没有跟我睡，还是主动要求和同意的。可见玩伴的魅力有多大！

中午，大姑要带我们去外面玩，前两天刚下过大雪，我估计也没啥好玩的，所以不想去，可心倒是很积极。最后，竟然又是，我在家看电影，可心单独跟她大姑小姑婶婶、姐弟们一起出去玩了多半天，到5点左右才回来！晚上有爸爸的朋友请我们去吃饭，本来我们都要去的，在出门的一刻，可心说：“吃饭有啥意思，我不去，我在家玩。”是啊，家里有姐姐、弟弟，对她来说玩得更痛快！博鑫小，又是男孩，跟她们不怎么能玩到一起，但是可心和曼曼、雨瑶玩得很融洽，特别是雨瑶，年龄相当，个头相当，心智相当，正是最投缘的，怪不得天天玩得不可开交呢。

初五，我做了顿陕西臊子面，大家吃得很开心。连平时不怎么吃面的人都吃了一大碗，让我很得意。最近半年厨艺大有长进，拿手的还有牛肉面、大烩菜和炸虾仁，这都没来得及施展呢。初六早上刚睁眼，可心搂着我的脖子带着哭音说：“妈妈，我想姥爷姥姥了。”我赶紧给家打了个电话，姥爷姥姥还没起床呢，可心在电话里又带着哭音跟姥爷说了句我想你们了，把姥爷感动得不得了。到了中午饭后，我们要走了，可心却又不想走，要留下来跟雨瑶接着玩。我说："可心，你如果想留下跟雨瑶接着玩，可以的。但是妈妈明天要上班，不能在这儿陪你，所以我得走，你一个人留下行吗？"可心哭着摇头。我抱着她，轻轻地抚摸她的背，告诉她妈妈理解她的心情，她可以自己选择。可心真是左右为难，又舍不得妈妈又舍不得玩伴，最后实在无法抉择，只好先上车把我们送到车站。一上汽车她就睡着了，不过到了火车站一醒来又大哭一场，直到进了候车室，突然又高兴起来。

到家已经八点多了，姥爷姥姥还在等着我们吃饭。姥爷问："可心，你回家都见谁了？"可心一脸骄傲地回答："我们家人我都见到了！"

汉中游

（2013-03-27）

虽然是陕西人，我却一直没去过陕南一带，早就听说汉中和安康的风景不错，却没机会去。前两周回西安休年假，中间抽空去了一趟汉中。虽然只有短短的三天，感觉却很不错。特别是与两位美女——我女儿和我外甥女同行，使此次汉中之行尤为舒畅。

我们早上从西安坐大巴出发，一路翻越秦岭，感受着春天渐次地接近，连可心都兴奋得一路不睡，更别说我了。车快出秦岭的时候，路两边的山坳里、坡地上，一片片的油菜花盛开着。等到出了秦岭，路边的田野里大片大片的油菜花黄得耀眼，可心说："一望无际的油菜花真好看啊！"中午 2 点左右我们到了汉中，安顿好酒店，赶着吃了碗向往已久的热面皮，就迫不及待地打车前往今年油菜花节的主会场——王道池村。虽然有出山后一路的油菜花铺垫，到王道池下了车我们还是被震撼了一下，漫山遍野的黄色，铺天盖地的油菜花，真是太美了，那才真是一望无际呢。我们到的那天是油菜花节开幕的前一天，所以人不是很多，有不少手拿专业相机的摄影家们，估计是赶着来创作的。我们虽不专业，但也很快投入到摄影——不，照相的行列中去。

我们三个美女，两个相机，两个手机，一个太阳镜，两顶帽子，不停地变换着各种姿势，把最美的自己和最美的油菜花都定格在相机中。

玩得差不多，该回酒店了，却发现了新的问题。从市内来的时候我们是坐的出租车，可现在要回去的时候，却发现村里没出租车，公交车车站也是在两公里外的大路上才有。我们两大人走两公里没问题，可心怎么办呢？没办法，我只好跟路边卖水的小伙子打问，小伙子还没说话，旁边一个中年男子就搭腔了，虽然说的是当地话，但我也大致听懂了是说他可以送我们过去，要 20 块钱。我还没说话，那个小伙子就训斥起那个男人来，前边的话没听清，后边一句是："人家带着孩子！"接着他又转过头对我说："我送你们。"我问："多少钱？"他说："不要钱，用我的车。"好感动！我一再感谢他。我们正要去停车场，过来一辆车，听着司机像是他兄弟，他们说了几句话，那个司机连同车上的几个人就都下来了，刚才的小伙子上了车，招呼我们也上车，几分钟后就把我们送到了大路上的公交车站。下车后，可心说："雷锋。"我们俩大呼："你刚才怎么不说？"

回到市内已是六点多，我们在夜市逛逛，就去早打问好的聚源春吃鱼，能想象吗，我们两个半人竟然吃了四斤鱼两碗浆水面，那两碗面还都是可心吃的！

第二天一大早，在酒店寄存了行李（因为打算晚上就回西安的），又打车前往栈道景区。栈道景区在两山夹峙中沿江边绵延数公里，是一个狭长的通道，从下车的地方走到售票处就有一两公里，我们不知道啊，走啊走啊走，可心都走不动了，还没到售票处呢。我们只好在道边休息，这时正好来了一辆车，不知道是工作人员还是什么，反正人家车开进来了，我完全是下意识的一伸手，车竟然停了下来。我跟人家一说，人家很爽快地就让我们上车了，我们上车之后没多久就到了，又是一个活雷锋啊。

要看栈道先要爬山，到了半山才是绵延数公里的栈道，开始我直担心可心走不下来，中间不定什么时候就又得让我背了呢，没想到的是可心竟然一路走了下来，算算怎么也得四五公里吧，一会儿上一会儿下的，不过可心对路边的景色和植被都非常感兴趣，再加上一会儿喝个水，一会儿吃个巧克力，一会儿拍个照什么的，一直到快出景区的时候可心才让我背了20多米。一上车就睡着了，到了市内已经5点多，本来想大吃一顿补偿自己一下的，可心却走不动了，只好在下车点旁边吃了碗米线。可心饭后又说她想再在汉中住一晚，她姐姐也没有异议，于是我们就又住了下来，不过换了家酒店。

既然又住下了，我们在汉中就又有了第三天的行程，一查地图，我们住的酒店离拜将坛和古汉台都在两公里之内，早饭后我们就一路步行去这两个地方悠悠地逛了逛，可心一路自己走，快到拜将坛的最后500米时，估计是真走不动了，蹲在路边不说话，这时正好我们向几个小学生问路，我让其中的两个小姐姐拉着可心的手给我们带路，她就又一路走了下来。从古汉台出来没多久，可心看见路边的小店柜台上摆了一个大瓶子，里边全是棒棒糖，她想吃，但是知道我不让吃，所以她就走过去，站在跟前看，我催她快走，她装傻问我：“妈妈，这是什么呀？”我也装傻：“不知道呀。”拉着她就走。这家伙，一遇到吃的问题就超乎寻常地聪明！不过，这次汉中之行可心的表现确实不错，特别是一路几乎全是自己走下来的，跟大人一样，超乎我的想象。

赞我女儿一个！

彩铅习作《水仙》 绘画 · 姚楚卿

打麻将的收获

（2013-04-07）

放假期间带可心出去游玩，为了玩得尽兴就在景区住了两天。第二天下午下雨，没法出去了，只好在房间打麻将。晚饭前让服务员把东西都收走，本来不想打了。饭后去打球，回房间时我们就聊说回去要不再打会儿吧。等回到房间，我们继续聊天，都忘了要打牌的事了。突然听到可心在打电话："叔叔，能给我们把麻将桌再送回来吗？"估计人家说了是你们说不打了让拿走的，可心又说："可是我们现在又想打了呀。""那好吧，快点吧！""谢谢！"这都是我们大睁着双眼、大张着嘴，一脸惊讶地在旁边听到的，没有人在旁边教或者暗示任何话。可心拿着电话镇定自若，像个小大人一样跟前台服务员争论、协商，最终达成一致。我们真的惊呆了，没想到她能自己拿起电话去协商这样一件事，更没想到她能这么连贯地、富有逻辑地把事情表述得这么清楚！最没想到的是一个办法不行，她竟然能够跟人家协商第二种解决渠道！太让我惊讶了！

这是我们这次打麻将最大的收获！

妈妈，我给你敲敲背

（2013-04-11）

每天晚饭后我刷碗，每当我要去刷碗的时候，可心都会拦我："嗯（转弯音，表示不满意），你别去！"每次我都得给她讲我必须洗碗的道理。发展到上周，可心突然语出惊人："妈妈，每天都是你洗碗，这不公平！"我问："怎么不公平？""姥姥怎么不洗？每天都是你洗！""姥姥每天都做饭了呀，妈妈没做饭就得洗碗。""那还是不公平。"她明显语调低了很多。我趁机脱身去洗碗。等我洗完了出来，可心说："妈妈来，坐这儿，我给你敲敲背！"这句话让我大吃一惊，早上还赖在床上让我给她穿衣服穿鞋呢，甚至洗脸有时候还撒娇让我给她擦脸，怎么晚上就突然这么知道心疼妈妈了？好感动！有这句话，我受苦受累都值得了！

期待长大的童年

（2013-04-19）

最近可心特爱听罗大佑的《童年》这首歌，我下载到手机里，她想起来就听听。昨天回去洗手的时候她又打开听了，以下是我们俩的对话。

“你特爱听这首歌是吗？”

“是啊，好玩。”

“每个人都很怀念自己的童年。”

“为什么？”

“因为童年很美好啊。”

“长大不美好吗？”

“长大了也美好，是不是每个孩子都希望自己快快长大？”

“是啊，我就希望自己快快长大。”

“长大有什么好？”

“长大可以工作、挣钱啊。”

“工作很累的，挣那么多钱干什么？”

“挣钱可以给家里买很多东西，这多幸福啊。”可心的“理想”还真不俗，她挣钱不是为了给自己买很多东西，而是为了给家里买很多东西。而且，最难能可贵的是，她把为家里做事看作是很幸福的事！

我满足地抱了抱可心，说："可是长大了妈妈就抱不动你了，你也不能跟妈妈一起睡了，就得自己睡。"

可心略微有些遗憾地笑笑，停顿了一会儿，又说："可是爸爸就回来了，我们就团聚了，多幸福啊。"听得我有些心酸。也许可心的逻辑是这样的：她长大了，挣钱可以养家了，爸爸就不用去那么远的地方工作挣钱了，一家团聚了，这对她来说是多么幸福的事情！

可心爸爸从前年开始被公司派去成都创立分公司，家里的事情都扔给我一个人，我虽然累但是也理解他的不易，所以还可以勉强支持，当然也多亏了姥姥的无私奉献。我知道可心对爸爸心挺重的，但平时也没见她说过，甚至她有时候还不接爸爸的电话，所以我还真不知道她小小的心灵里对爸爸竟是如此的期盼，更不知道她是这么理解这个逻辑关系的。这一席话让我震惊不小，不知道爸爸知道了可心的想法会是什么感觉。

我是给你尝的

（2013-05-07）

今天早上可心起得有点晚，只好带着水果在路上吃。我一边开车，她在后排吃香瓜。可心说："妈妈，黄的地方甜，白的地方不甜。"我说："因为现在瓜还没熟透，黄的地方靠近瓜心，所以甜。再过几天，天热了，熟了就都甜了。"可心说："妈妈，你尝尝。"我说："不吃不吃，我知道的。"可心坚持要我尝尝，还用叉子叉了一块直接往我嘴里塞，一边塞一边还说："你尝尝你尝尝。"慌得我赶紧吃到嘴里，否则该影响开车了。

可心最近有个口头禅："我是给你尝的。"开始的时候是这样的，比如我们一起吃什么东西，她自己夹菜，可是尝了之后又不好吃，她会放到我盘子里，我不说也就罢了，一旦我一说她，她会很狡猾地说："我是给你尝的。"虽然说的跟真的一样，但她自己其实也是很不自信的，只要我定定地看她 10 秒钟以上，她会忍不住笑出声来。开始我还有点担心，这会不会让她学会说假话，后来我发现这个游戏正在往好的方向发展，只要吃东西她就会主动给我夹菜，从开始的闹着玩，到现在她吃东西都会主动想着给妈妈尝一尝，这不是挺好的吗？

从这件事我认识到，在教育孩子的时候，只要注意引导，也许一个开头的坏事最终还能变成好事，培养孩子好的习惯，讲道理有时候不如和稀泥，但大人要有意识地把稀泥往你想要的方向去和。

彩铅习作《兔子》 绘画·姚楚卿

看风景时你也是别人的风景

（2013-05-31）

搬到总部办公一个月了。离家近，我就不想开车了，想每天走路上下班。既锻炼了身体又环保节能，何乐而不为呢。

可是接送可心上幼儿园又成了问题。最好的方案就是我每天下午骑自行车去幼儿园，把车放幼儿园，接可心后搭一段别人的车，然后我们俩再走段路，既有锻炼，也不至于太远。刚开始可心因为新鲜、好奇，一听说要走路或坐公交车就挺高兴地答应了，还兴致盎然的，两周以后就小有怨言了，三周的时候就得拿饼干呀什么的哄着才走，到这周，干脆就站在路边不走了，说："妈妈，你可以打车呀。"还一看见出租车就招手。

周一下午我坐公交车去接可心，回家时搭她同学家的车一段，在岔路口下车打算走回去。我们下车的时候可心死活不下来，不愿意走路，她同学家长非要送我们回去，我没同意，强抱她下了车。她嘟着嘴站在路边，扭来扭去就是不走。我说："可心，快走吧，一会儿给你饼干。"她无动于衷。我又说："那你想喝酸奶吗？给你个酸奶。"她还是无动于衷。我灵机一动："可心，我给你变个魔术吧。我从手机里给你拿出个饼干吃怎么样（我手机里有个做饼干的软件，包里有片饼干，我打算把它们魔幻组合一下）？”可心还真点头了。于是我拿出手机，打开软件，开始做饼干，大概就按我包里饼干的样子做呗。等饼干做好了，我给她看看，让她记住饼干的样子，然后说：“现在我要把饼干从手机里拿出来了，闭上眼睛！”可心乖乖地闭上了眼睛，我迅速地从包里拿出饼干，“当当当，饼干来了！”可心一睁眼，果然看到一片饼干放在我手里，还跟刚才做的饼干长得几乎一样，她立刻大笑起来，笑得腰都直不起来了。完了拿起饼干笑呵呵地跟我一起走了。

一路欢声笑语，路边因为园博会铺设的花带也逐渐吸引了她的注意力，没再闹不走路的事了。走在半路的时候，可心笑呵呵地问我：“妈妈，你不是用手机变的饼干，是自己带的饼干吧？”我说就是手机变的，你不是亲眼看见了吗？她说：“不是，我知道你是逗我玩的！”看我女儿多有幽默感，知道我逗她玩也不揭穿我，还挺配合地演完了，让我以为自己还挺聪明的。

这让我想起一句诗：你站在桥上看风景，看风景的人在看你。这不就是说我们俩呢吗？哈哈！

六一的进步

（2013-06-03）

我们总是觉得孩子长得太慢，可是在不经意间，她又一下子长大了。六一这天，就突然发现可心有了很大的进步：

一是起床自己穿衣服。周六早上我早早醒来，又睡不着，就自己在客厅沙发上看书。7 点多可心也醒了，家里静悄悄的，大家都没起床，可心也没哭闹，窸窸窣窣地取衣服穿衣服，一切收拾妥当了才走出卧室。我一看，穿得还不错，搭配也挺好的。

二是敢参与极限运动了。周五下午幼儿园放得早，但我还要上班，于是就由天天妈妈带着他们俩去翻斗乐玩了，下班后我去接他们。门口有个新搭的大蹦床，腰上绑上安全带，往空中弹。记得我曾在北戴河沙滩上玩过，吓得我吱哇乱叫的。

可心竟然不怕，还玩得挺开心挺过瘾。

双杆目前也是可心最喜欢的运动之一，偶尔能自己跳起来抓住杠子了，大多数时候都得我抱她上去，天天晚上都得练一下，只是苦了我的老腰了！

三是学会骑两轮自行车了。周六早上可心逼着爸爸给她把自行车后部的两个小轮拆掉了，本来是想趁爸爸在家，可以陪她练练骑两轮自行车的。结果到了楼下，可心根本没用任何人扶，自己试着试着就会了，前后也就一个小时！会了的结果是这两天不停地骑自行车，而且逮谁就告诉谁她会骑两轮自行车了。周六晚上在家一改不爱接电话的习惯，有电话就抢着接，目的就是为了告诉人家她会骑两轮自行车了，还不厌其烦地告诉人家她用多长时间怎么学会的。昨天还跟我约好，今天要我接了她把车再搁回单位，然后我们俩都骑自行车从单位回家。毅力可嘉！

彩铅习作《槐花》 绘画·姚楚卿

端午粽子香

（2013-06-21）

端午节休息三天，第一天带可心和她的小朋友们去采摘樱桃，孩子们玩得很嗨，晚上回来又去吃披萨，一直到10点多才到家。第二天一早起来，可心就闹着要包粽子，这是前几天说好的。好在上班那天我已经买好了一切配料，这可是我头一次尝试如此特殊的食品制作。姥姥在我们起床前已经把糯米和粽叶都泡上了，网上说要泡两小时，但前一天吃了朋友包的粽子，硬得咬不动，所以我们决定延长到四小时。因此我们仨悠悠地吃了早餐，款款地斜卧在沙发上，懒懒地翻翻书，享受了一个难得慵懒的早晨。

12点一过，我们立刻行动起来。因为从来没包过粽子，我们仨都是凭感觉，拿着粽叶先比划，这么着试试，那么着试试。可心作业没写完，要我帮她写，被我坚决拒绝。我和姥姥一致同意，我们宁可暂停粽子制作等可心写完作业，也不能让她因为着急包粽子而养成作业不写的习惯。果然，可心在哭闹一番无果之后，抽泣着写完了作业，然后我们就投入到愉快的粽子制作中去了。

时间不长，我们就把泡好的米全包完了，速度之快出乎我的意料，而且没有一个返工的。吸取朋友家粽子太硬咬不动的教训，我决定用高压锅煮。查了网上的说法，说要在粽子上再压一个装满了水的盆子，才能在高压锅里煮，可我们的锅太小了，我们包的粽子全都放进去之后就什么都放不下了。犹豫片刻，我狠狠心，就这么着了，大不了最后吃一锅粽叶糯米粥而已。

下午四点，一缕粽叶香味隐隐从厨房里飘出来，我跟可心激动地跑进去，怀着忐忑的心情打开锅盖，一边打开我们俩还一边说："不会是一锅粽叶粥吧？"感谢老天爷，锅盖揭开了，粽子全都完好无损，缕缕清香扑鼻而来，我轻轻捞起一个，忍着巨烫剥开粽叶，香滑黏糯的糯米中隐隐透出深红的豆沙，尝一口，不软不硬，不甜不淡，香糯黏滑。"成功了！"我和可心不约而同地喊了出来。赶紧给姥姥端一个，我们几口就吃完了一个，再来一个！正在这时，可心的小朋友来找她玩，又给她家带了三个。第二天又给另一个小朋友送了两个，去看张颖阿姨，给她带了三个。总共 17 个粽子，最后就剩三个了，我和姥姥再没舍得吃，都留给可心了，连给她爸爸留的那个也被可心吃了。

从结果看我们这次包的粽子挺成功的，用高压锅蒸煮，这是关键！

忙碌的周末

（2013-07-02）

最近北京的雾霾阴雨天气很多，特别是周末。上上周本来约好的户外活动不得不取消，两天都待在家里，虽然免了奔波之苦，但其实大人更累，因为你得一直陪着孩子玩呀。

刚刚过去的这个周末，我们采集制作了植物标本。周六早上起床一看，阴天，但没下雨，很高兴，赶快约了跟可心同样爱好制作植物标本的安辰同学，说好吃了饭就去。可等我们出门下楼，又开始下雨了。怎么办？去还是不去？这是个问题。可心坚决要去，我看雨确实不大，就按既定方案出发了。到了地方，雨更大了，好在我早有准备，雨鞋雨伞装备起来，倒也不怕雨大了，反倒发现了下雨的很多好处，比如不热，没人，没车，花呀叶呀的被洗得干干净净的，植物的色彩更鲜亮了。就在可心全身心投入发现植物、比对植物、寻找名称的工作中时，安辰爸爸打电话说他们来了。一抬头，果然看见他们就在不远的路边，而且，最神奇的是，雨又停了！我们因为太专注于刚才的工作，竟然都没注意到！

两个孩子见面，当然热闹起来，最好的是，他们玩起来了，我们大人就解放了，我和安辰妈妈聊点家常，偶尔回应一下孩子们的问题，凉爽、惬意、轻松，而且有趣。中午，孩子们都饿了，我们在空无一人的广场上铺上野餐垫，摆出带的水果和点心，大人和孩子一起享受一次别具一格的中午茶。吃饱喝足了，再去草地上找找雨后新长出的小蘑菇，园林绿地里顽强生长的野菜，草叶上悠闲散步的蜗牛，都能引发孩子们一阵欢呼和尖叫。

周日早上起床，又是阴天，但是闷热得不行，静静坐着都出一身的汗。可心要吃饺子，姥姥很高兴地答应了，因为她外孙女会要着吃东西了！看这天气，很快就得开空调，于是我说："我把空调清洗一下吧。"姥姥和可心都说好。说干就干，我搬凳子，摞凳子，爬高上低地开始拆空调过滤网，姥姥给我扶着凳子，我每拆一个，就递给可心，本来是想让她帮我放到卫生间就可以了，没想到，可心拿到卫生间就开始用刷子刷洗。等我拆完三个壁挂空调的六个网子，可心已经洗得差不多了，还把洗好的都放在她的玩具桌上晾晒！最后一个是客厅的柜式空调，个头大，过滤网也大，可心洗不了，我洗的。下午等网子都干了的时候，又是可心一个一个给我递着，我才把它们都装好了。看她走来走去，利利索索地拿、洗、递的样子，真跟个大人差不多了！我的乖女儿会帮妈妈干活了！

只要一个吻

（2013-07-12）

可心快过生日了，还有两周就开始陆续收到生日礼物。天天第一个送的，是一个发卡，据说是天天妈妈带他去逛商场的时候，天天自己提出来的，要给可心送个生日礼物。很漂亮的绿色发卡，这是可心第一次收到男同学送的生日礼物哦。后来又陆续收到阿姨姨妈们送的手表、衣服，还有 Luke 送的玩具。还有 12 天才过生日呢，就已经收到这么多礼物了，我问可心："想让妈妈和爸爸送你什么生日礼物？"可心想想说："不用了，就亲个嘴儿就行了。"哈哈，可心不贪心，只是想要爸爸妈妈亲亲她就可以了！

运动健将

（2013-07-16）

小时候太小心了，总不让可心跑和跳，怕她摔跤。从去年下半年开始，我刻意地着重去培养可心在运动方面的能力。比如鼓励她多跑多跳，鼓励她挑战些略微有些难度的活动以锻炼胆量，也包括在她完成一个以前不会的动作或活动时夸她运动健将。要说这孩子还真是得夸，夸着夸着，可心还真成运动健将了。现在她特别爱运动，性格变得开朗自信，跑步摔跤也少了，而且在学习新的运动技能方面比其他孩子更大胆、学得更快，表现出更顽强的精神。

就最近这一段时间，她学会了骑两轮自行车、吊双杠（前段时间说过），还学会了徒手爬杆、跳绳、转脚环。尤其是后边这三项，学得快，学得顽强。比如爬杆吧，可心在练习吊双杠的时候看见彬彬也够不着双杠，但他往起一蹿就抓住了双杠的杆，三下两下就爬上去了。可心很羡慕，非要练，若干次都上不去，腿在铁杆上磨得吱吱响，肯定疼得不行，我不忍心地说："宝贝，歇会儿吧，咱比人家负担重，人家在杆上吊着，双手负担30多斤，你得负担56斤呢。腿都蹭疼了吧，歇歇，明天再练。"可心不同意，继续不声不响地练，第一天练得手都抓不住杆了才罢休，第二天下楼直接就奔双杠去了，我心疼地待在旁边看着。突然听可心喊了一声：“妈妈！看！”我一看，可心竟然真的爬上去了！真是又高兴又心疼！

后来可心学跳绳、学转脚环，都是这样，她要学的时候，再苦、再累、再热，让休息都不休息，让明天再练都不行，一定要把它学会了。最逗人的是，她跳绳学不会的时候，气得把绳扔在地上，用脚踩，踢！但是我不理她，过一会儿她自己就又拿着绳练去了。果然功夫不负有心人，可心几天就学会了自己抡绳自己跳（虽然还不熟练），用半天时间学会别人抡绳她跳，用了半小时不到学会转脚环，后来又学会用左脚转！几个月下来，可心真的变成运动健将了！

有天晚上我们俩躺在床上聊天的时候，可心问我：“妈妈，你猜小孩里边的运动健将是谁？”我说：“不知道。”她说：“是我呀。”激动得笑靥如花，又问：“那你猜大人里的运动健将是谁？”我说：“是我吧。”她说：“不是，是天天爸爸，因为他穿一身黄色的运动服踢足球。”哈哈，穿运动服的天天爸爸幸运地被表扬了！

大班第一周

（2013-09-06）

9 月 2 号开学，我们上幼儿园大班了。本来以为这将是最轻松愉快的一个学年——没有上小班的陌生，身体比以前更强壮，性格比以前更开朗，也能讲清道理、懂道理，还没有上小学的压力——多好的一个学年呀，无比快乐轻松。谁承想又出现了新的问题。

幼儿园为了让孩子提早适应小学的环境，大班重新分班了！虽然找了老师，但也只是把我们几个关系比较好的分到了一块儿，原来的班级还是一分为三了。目前可心所在的大班共 37 个孩子，13 个是原来一个班的，其他的同学来自另外三个班。老师也换了，只有原来的保育员老师还跟着他们。最关键的是，新老师的风格（据说）一律向小学看齐，不再哄着劝着孩子了，都是干巴利落脆地要求孩子如何如何，这要求跟中班的时候不太一样，严格多了！比如，早上到校，以前是 8 点，我们经常晚到一会儿，还有饭；现在是 7:50，晚到一会儿就得挨批。对心理承受能力强的孩子，说说没事的，家长明天注意就行。对心理承受力差或者自尊心特别强的孩子，可真受不了。本来就是新的环境，孩子就有个适应的过程，适应能力差的孩子可能还需要更长的时间来完成这个熟悉及融入的过程。而在这个过程中如果过早的严厉会加剧他们的不适应和反抗。

可心的表现跟小班时一样，头两天，别的孩子哭的哭闹的闹，她镇定自若，第一天就因为表现特别好被老师任命为当天的小班长。第二天也表现不错，好像还得到了表扬。第三天，我像往常一样精神百倍、心情大好地带着可心和天天去上学，我还特意早起了半个小时，为的是不因为堵车而迟到。一路欢歌笑语，到园门口停好车，可心说："妈妈，我肚子疼。"我还挺紧张，以为是晚上受凉了或者是早上吃了两颗红枣伤胃了，再一问，她又说："妈妈，我今天不想上幼儿园了！"我迅速识别她根本不是什么肚子疼，就是不想上学了！但是毫无征兆啊，怎么就不上了呢？连哄带骗地带进幼儿园的大门，到一楼大厅，她死活不上楼。我没发火，也没发急，搂着她坐在鞋架子上，问她原因。可是什么也问不出，她就一句话"今天不想上幼儿园"。我一边搂着她抚慰她的情绪，一边脑子急速转动，前段时间看过的那本书里怎么说的，怎么在这样的危急时刻和孩子沟通，说服她。我把能想起来的方法都用过了，什么共情、什么理解她的要求、什么夸张、什么转移注意力、什么寻找兴趣点，统统不管用，归根结底就是一句话"我今天不想上"。其间新老师、旧老师、别的班的老师都下来劝过、拉过，男同学、女朋友也都来叫过，园长也来吓唬过，都没用，只让她把我抱得更紧。老师说："你走，你走了她就好了。"我开始没采纳，最后实在没辙的时候想走呢，她像头牛一样地从老师手里挣扎着扑向我，我又心软了。没有人来叫的时候，大厅就我们俩人，她情绪还好，有路过的别的班的老师推着餐车经过，给她吃的喝的，她一样没落，最后竟然喝了一碗牛奶，吃了四个小包子！但一有人来，立刻抱紧我的脖子。僵持了一个半小时之后，老师说："要不你今天就带她走吧。"于是，我们齐齐放弃，我满脸怒容地带着她出了幼儿园，她呢，一出园就跟换了个人似的，真是兴高采烈。在车上跟天天妈妈聊得又热乎又高兴，在后视镜里看见我拉着的脸，竟然还冲我做鬼脸！我差点没憋住！

只好带她到办公室。进了我们办公室，她更活跃，比以前哪一次来都活跃！跟几乎所有的人主动打招呼，声音很大地跟人家聊天，我训斥她她也不生气，立刻很乖地坐到一边去玩自己的，过一会我一忙她又去跟别人玩去了！我一看这阵势，难道我还真被这个小丫头拿住了？立刻心生一计，我给同事肖姐发了个短信，交待一番。过了一会儿，可心正在我屋里玩得高兴呢，肖姐进来了，冲着我很威严地说："你今天怎么这么晚才上班？领导刚才说了，扣你500块钱！"我做吃惊和痛心状。肖姐忍不住想笑，赶快跑出去，笑够了又进来："你竟然还带孩子来上班？中午罚你不许在食堂吃饭。这是我们员工食堂，家属不能吃的（其实是我们中午约好了人要在外边吃饭）。明天不许再迟到和带孩子上班了，否则就再罚你500块钱，还得开除你！"我赶快做忏悔状，并表示以后坚决改正。这么严重的后果和严厉的态度可心是没有见过的，以前来我单位大家都是哄着她的。可心信了！有震动了！脸上挂不住了！表情刺啦的咋个烂杏（陕西方言），嘴瘪呀瘪的，好在忍住了没哭。我也没再招惹她，到外屋去了。

晚上我俩从单位走回家，我一路跟她聊天，帮她分析各种可能。最后她说是因为老师太厉害，又换了同学，所以不适应。我说其实你也并不是不适应，因为第一天第二天你都表现得很好啊，只是别人有不适应的，再加上像某某家长老说谁哭谁哭的，你就想也学一下是吧。她似乎接受了我的观点，还总结性地说："妈妈，某某家长为什么老说些多余的话呢？"

第四天，就是昨天早上，起床的时候拧蹭了一会儿，被我断然拒绝之后就很配合地收拾好了。之后在家、在路上，可心一切正常，上了楼到教室门口见老师也很正常，都进去了，我以为一切正常，就又跟老师聊了会儿天，她洗完手又不干了！跑过来搂着我的腰，又是肚子疼，又是不想上。我带她上厕所，告诉她肚子疼是因为想拉臭臭。想不上学是吧？不可能的。半小时之后，她被老师强拉走了，我能感觉到她在被拉时搂我的劲儿没有前一天大，所以我放心地出了教室，在门外跟老师聊了 20 分钟，听听里边没哭声就走了。

下午放学按照承诺带她和同学去欧尚玩了一个小时，回家洗完澡躺床上要睡的时候，先是告诉我老师让她转告我"今天我很乖，妈妈不用担心我了"，接着又开始拧蹭，磨叽着第二天不想上学。我先是予以坚决回绝，等我洗完躺床上了，又帮她细细分析原因。告诉她老师变厉害了是因为大班的同学都是大孩子，不用再像小宝宝一样哄着了。我还发挥自身潜在的表演天赋，分别用哄宝宝的方法和对待大人的方法演示了一下我们办公室的事，然后让她选哪种方法是对的。夸张的方法还真管用，她在咯咯的笑声中接受了大班老师就是应该干巴利落脆地跟大家说话，不再认为那是老师不喜欢或者是在批评他们，并在笑声中甜甜地睡着了。

第五天早上，也就是今天早上，她又不起床了，怎么叫都装睡！好在老天爷帮我，凌晨就电闪雷鸣，到我叫可心的时候正好大雨倾盆。我灵机一动："可心，快起床，今天你可以穿着你的新雨鞋去上学了，路上还可以踩水呢！快给天天打电话，让他也穿雨鞋去上学吧！"可心一骨碌坐起来，10 分钟穿好衣服鞋子，上了厕所洗了脸，我们就下楼了！不巧的是今天答应了去接另一个同学一起上学，路上堵车，一个小时后才到学校。在大厅可心略有犹豫，被我推着上了楼，到门口，坐台阶上抱着我的腿又不进去了！我采用了另一个方法："可心你今天要是再不上学，我就真的被开除了！那我就真的生气了，我会像火山爆发一样的发脾气的！"可心犹豫了一下，起来进教室，我立刻关上门走了。

今天风平浪静。中午小马帮我接了可心，问她去她家还是来我单位，可心说："我又没哭，去我妈单位干啥？"看来，那天的"恐吓"还真管用了！

但愿，从下周起，上幼儿园不再是个问题。

顺利入园

（2013-09-10）

昨天可心有兴趣班，放学比平时晚50分钟。估计她已经饿了，我就带了两片饼干和一个馅饼。可心果然很高兴，一路边吃边聊："可心，饼干好吃吧？这是我们食堂的，但是只有早餐有。而且还得去得早才有。咱们明天再早起一点，我再给你拿一块好吗？"可心吃着饼干心情大好，说："行。但我觉得你要拿到饼干，还得我上幼儿园不哭，你才能去得早啊。"我大喜，这正是我接下来要说的话啊，她怎么先说了？"是啊，你明白就好，那你明天能做到不哭吗？""能！"好！伏笔打好了！

睡觉前，我刚一说刷牙洗脸，可心就从很活跃、很 happy 的状态转换成愁眉苦脸的样子，问我："妈妈，明天在幼儿园会是什么样呀？"我说还跟今天一样吧。因为下午接她放学的时候，可心告诉我她今天很高兴，太高兴了，所有的老师都表扬她了。可心又说："妈妈，我很担心明天。"我问担心什么。她说："我不知道明天会怎么过。"可怜的孩子，明天，对她来说，已经不是期待而是恐惧了。不过还好，说这些话时她没哭，而是很平静地跟我讨论，相对于上周，这是个进步。想想晚饭时她又让我表演成人之间说话的方式，以及与小孩说话方式的区别，看来她自己内心也在很激烈地斗争。一方面是孩子的本性，因为新环境新老师和老师的严厉，她不想去幼儿园；另一方面，因为我告诉她老师的严格要求是因为他们都长大了，要向大人的生活方式转变，理性又告诉她应该尽快适应这种变化。所以每天，她都在这两种想法中纠结，完全被感性控制的时候，她就大哭大闹来表达自己的不满。后来几天理性逐渐地开始发挥作用，所以她的哭闹越来越少，越来越不激烈。晚上的表现也是如此，从一开始的说起上学就苦恼，到现在能跟我平静、理智地讨论，我感觉到了渐变渐好的趋势，看来风暴即将过去。再提饼干的问题，可心没表示异议就去洗漱了。

果然，今天早上起床，可心没等我叫就起来了，不到 7 点我们就都收拾好了，竟然还有时间在家玩了会儿大富豪游戏！到幼儿园门口，也没在车上叽叽歪歪，很利落地下车，很大声地跟门卫、老师问好，还在我的示范下，大声祝马老师节日快乐。我呢，也学乖了，老师一接过可心的书包，立刻扭头就走，绝不给她变脸抱腿的机会。

开书店

（2013-10-22）

姥姥回西安 1 个月零 22 天了，可心爸爸出差 12 天，就剩我们娘俩在北京。好像还应付得来，可心也很配合，不再耍蛮牛，还经常很快乐地帮我干点家务活，我说什么也都听。

只是从西安回来后可心就一直有点不舒服，上火、拉肚子、感冒，一个没好另一个就来了。上周两天没去幼儿园，我也两天没上班。本来都好了，不知怎么地周六又严重了，晚上给铁厂奶奶打电话，可心跟她奶奶聊天的时候说：“我妈今天都哭了，哭了两次。”我在电话中也“控诉”了一下她爸爸不顾家的种种行为。结果第二天我问可心想不想爸爸的时候，她就说不想。我很后悔，不该当着可心的面说她爸爸不好，这会给她造成心理负担，会影响她的幸福感。后来，即使是她爸爸再不好，我都没在可心跟前说过他不好，还尽量找各种借口帮他去圆，塑造他的美好形象。也正是因为这样，当铁厂奶奶对可心说“让你爸爸快点回去吧”的时候，可心竟然说：“我爸爸在忙工作呢，他要不工作了，谁来管这个家呀！”爸爸的形象在可心心中依然美好，他在为家奋斗。对可心来说，这就是对他经常不在家的最好的解释。所以挂了电话，我又赶紧给可心说：“妈妈刚才是累得有点想发火了，所以跟奶奶说爸爸不好，其实爸爸挺好的。他天天在外边忙工作，就是为了咱们的家更美好！”可心同意地点了点头。

昨天晚上我接可心的时候，她在车里突然说：“妈妈，你给我买好多好多书，等我长大了，我想开个书店，这样爸爸妈妈还有我就可以一边看书，一边卖书挣钱，我们永远都不分开了。”听得我直想落泪！

水彩习作《原野》 绘画·姚楚卿

美美的我们俩

（2013-11-05）

可心一向对穿衣服不怎么挑，虽然以前偶尔她心血来潮也会自己搭配一身衣服出来，但好像还从来没自己要求过买什么衣服（除了带蕾丝花边的袜子），更没有过在商场自己看身衣服就非买不可的经历。

周六我们俩看完憨憨猫皮皮鼠演出，先在王府井逛了逛著名的东华门夜市，然后在顺峰吃了晚餐（她要吃虾，正好旁边就有顺峰，但给她要了半斤，她吃一个又不吃了，我只好增肥了），我们就顺道去逛长安商场了。我买了几件衣服，她很不忿儿，说："凭什么给你一件一件地买？"我没太认真，给她买了条迪士尼的秋裤。迪士尼对面是法纳贝尔童装，可心看上了一件连毛衣的白纱裙。她表现出从未有过的喜欢，甚至蛮不讲理地坚持要买，我本不想让她冬天穿裙子，在幼儿园穿太麻烦的衣服怕她自己穿不好。看她这么坚持，只好让她先试试，一试，果然不好看，因为可心比较胖，穿肥瘦合适的，裙子就太长，人显得很不利索。但可心不管，只要转的时候纱裙能飘起来就行。我一再地讲道理，还是讲不通，都快躺地上打滚了（好在她没这习惯）。我没发急，还是给她讲这件裙子不适合她的理由，她终于接受了。不过看她这么喜欢纱裙，我又改变了想法，让她又试了一件紫色的，颜色倒是挺好看的，穿上还是不精神，撑得太开了。后来又看到一件纱裙，比较收敛，挂着一般，因为腰很长，不过可心穿上却是最好看的！于是买了。

试的时候又发现一条羊毛打底裤，一试配裙子正好！最可笑的是，当我跟售货员说“这个裙子还行，要吧”的时候，可心很不自信但又特向往地问：“妈妈，这个裤子呢？”我告诉她也要，她终于露出了满意的笑容。试完就没脱下来，直接穿着回家了。我趁势告诉她，穿裙子不能在地上坐、跪、趴等，站得时候也不能塌塌着背，一定要把腰和背挺起来，可心答应，并且很认真地昂首挺胸往前走了。

如果从此她真能做到这些要求，那这个裙子和打底裤就买得太值了！

饺子事件

（2013-11-14）

可心老早就想吃饺子了，还指定要吃茴香鸡蛋馅的，可是因为姥姥回西安了，我自己不会和面，结果就是我们俩买了茴香在冰箱放了一星期还没包饺子。某天吃饭时跟大家说起，有个朋友特别有心，第三天就给我送了一大坨和好的面和一大块拌好的饺子馅。好感动！晚上回去我们俩终于可以开始包饺子了。但是人家给的馅料肉多菜少，正好邻居又给买了豆角，我们俩一合计，就再掺点豆角来包豆角肉馅的吧。说干就干，可心切豆角，我揉面、醒面、擀皮、拌馅，配合得还真不错，时间节点都控制得整齐划一。40 分钟后，我们已经开始包了。我擀一个皮，可心放馅儿，我再捏，流水线作业。虽然我第一次擀皮擀得不好，大小不一、形状各异，但能顺利合作下来，仍然有极大的满足感。不一会儿，我们就包了满满一案板，共 28 个。分两锅煮了，可心吃得稀里呼噜，香得稀里哗啦的。味道确实不错，可惜的是我没吃饱。因为可心吃了 19 个，我才吃 9 个。虽然有大有小吧，但也还差点。一看拌好的馅还有，醒好的面也很多，我就又切了 6 个面剂子，擀成皮，正好把馅都包完。再煮一锅，6 个大饺子正好一盘，跟可心说好她不能再吃了，否则该积食了，她也同意。谁知我刚吃俩，电话又响了，我这一接电话，刚一转脸，可心又吃俩！我赶紧抢过最后一个放进自己嘴里。不是我跟孩子抢食吃，实在是被她这段时间的肠胃问题闹怕了！

吃了饺子，饱饱的，美美的，就忍不住发了个微信，把我们俩合作包饺子的事说了说，有图有真相。没想到的是引来大家围观，纷纷“谴责”我这么大人了竟然第一次自己包饺子，更“谴责”我怎么能让孩子可怜得连饺子都吃不上。当然，还有人“质问”是谁这么殷勤抢了她的风头，先给我们送了饺子馅和面，还有若干人要请我吃饺子和要我请他们吃饺子。一时间热闹非凡，其中不乏同事。此后几天，都不断有人跟我讨论饺子话题。

第二天我们又包了顿饺子，之后还用剩余的面烙了次饼，还是在德国的一个朋友的指导下（也是通过微信）。当然，还有一个好结果，就是有朋友不断地给我带点自己做的饼呀、点心呀什么的，还有邻居朋友专门去家里给我做饭，给我擀好面条冻冰箱。有朋友真好呀！在你需要的时候，他们总会出现。谢谢朋友们！

可心上班里的新闻角啦

（2013-11-26）

可心是个特别爱劳动的孩子，无论是在家还是在幼儿园。

记得她刚上幼儿园的时候，有点小不适应，所以每天来园都很勉强。直到有一天，老师安排她当了一天值日生，帮老师发发书、收收东西，她可高兴了。晚上回去迫不及待地告诉了我，就连躺床上了，还在兴奋地给我叙述她发书的过程，从此就喜欢上了幼儿园。

可心喜欢帮助别人，她能从帮助别人中体会到快乐。无论是别的小朋友还是家人。爸爸因为工作原因经常要出差，家里就只有年迈的姥姥和工作同样繁忙的妈妈。可心以帮大人干家务为乐，我们也注意创造一些机会让她干些力所能及的家务活。比如，我一喊吃饭了，可心的第一反应是收拾餐桌、摆碗筷，前段时间我出国前给她讲了西餐的用餐礼仪，所以现在可心摆碗筷的时候必定还要在筷子下摆放一张餐巾纸呢。再比如，我们出门旅行的时候，可心从3岁开始就是自己收拾自己的行李箱。更让我没有想到的是，姥姥不在的时候，我们俩一起尝试包饺子，她竟然帮我把豆角都剁碎了！

让孩子适当干些家务活，不仅有利于培养孩子勤劳的个性，也能让孩子体会到家长的艰辛，懂得珍惜和感恩，从更长远的角度看，还能培养孩子的生活自理能力。毕竟，家长的责任是要教会孩子生存的能力，而不是包办代替孩子成长。

习作《荷花》 绘画·姚楚卿

谢谢你做我的女儿

（2014-02-13）

姥姥自去年8月底回西安后，一去5个月，爸爸又常驻成都，我和可心相依为命度过北京最美的秋天和这个不算寒冷的冬天。从开始的终于自由了，到后来想吃姥姥做的饭，再到后来的单纯想姥姥，可心经历了懂事以来第一次和亲密之人这么长时间的分离，感受了人世间最真挚的情感之一——别离的滋味。

因为这个月还在放寒假，为了照顾可心，姥爷姥姥大年初五就来了。去车站接他们的路上，可心就开始欢呼："终于可以吃到姥姥做的饼子了！终于可以跟姥爷学算术了！"

这几天，因为姥姥做的饭太可口，可心又长了好几斤！但是对我的黏糊劲儿却有增无减。去年姥姥走后，因为爸爸经常不在家，妈妈成为她唯一最亲密的人，所以导致可心对妈妈的黏糊程度与日俱增。以前就挺黏的，但是经过我不懈的努力调整，本来已经很宽松了，这一下又黏糊起来了。每天晚上我下班回家一进门，立刻被可心抱住大腿，我站着，她就靠着我；我坐着，她就一定要坐我腿上；我躺着，就得搂着她。早上我要出门上班呢，她一改早已经习惯的干脆利索，竟然还要抱着我哭一会儿！唉，真是越来越小了呢。昨天晚上看电视，不知怎么说起梦想的事，可心说："我的理想就是每天都和妈妈黏在一起！"一边说着，一边还非要面对面坐在我腿上，紧紧搂着我的脖子，把脸埋在我的肩膀上。听了这话，心中温热，虽然天天这60斤坐在我腿上，真有点受不了，可是这小小的人儿把我当成她百分百信赖和依靠的精神支柱，搂着我就满脸幸福灿烂，我怎能不紧紧地搂住她，尽自己最大能力为她营造更好、更美、更安心的成长环境呢？我暗下决心：再苦再累也认了，只为对得起这小小人儿这么信任我，来做我的女儿，还把那么灿烂的笑容给我！

生命是最重要的

（2014-03-14）

姥爷姥姥来的这段时间晚上都开着电视，主要是姥爷姥姥看，偶尔我们俩也看会儿，我如果出差或者晚回家，可心肯定跟他们一起在看电视，一定程度上打破了我们原来不开电视的习惯。开始我一看可心看电视就着急，后来也注意调整自己的心态，别那么焦虑，偶尔看一下没关系的，又不是常年都这样。姥爷姥姥最近一直在看《大丈夫》这个电视剧，有天晚上可心和我们一起看了三集，其中一集演的是晓珺的妈妈死了，晓珺很想妈妈，抱着妈妈的照片睡着了，梦见了妈妈。看完电视要洗洗睡的时候，可心眼泪汪汪地坐在我对面，说："妈妈，我发现我有个感觉错了。"我问是什么错了，她说："我以前觉得知识是最重要的，现在我发现我错了。"我问那什么是最重要的，她说："生命最重要！"这话很震撼，特别是从一个 5 岁半小孩的嘴里说出来，就更让我震撼了！我估计这感悟来自刚才所看的电视剧，但电视剧里并没有说这句话，这完全是她有感而发总结出来的，看来我女儿的领悟能力、总结能力、语言表达能力还蛮高的嘛。特别是，她对生活已经开始了自己的思考，这，尤其难能可贵。

情商 & 智商

（2014-03-14）

有天我们出去玩，在车上姥爷给出了个题，可心很快就算出来了，姥爷夸可心聪明，可心说："这不是聪明，是情商高！"也不知道她从哪儿学的这个词。我赶快给她解释了情商是什么意思，告诉她今天的事说明她智商高，还真不是情商。但情商非常重要。结果回家的路上，可心闹别扭，在车上乱发脾气，我想起前边的事，就说："你不是说你情商高吗？情商就是控制情绪的能力，你能控制你现在不发火，有话好好说，用语言说清楚你的不满和要求吗？"这么说还真管用，几秒钟之后，她就安静了，不闹了，然后睡着了！

想喊爸爸了

（2014-04-08）

上周四放学，接了可心要回家，临上车前跟她同学道别，可心喊："再见，Luke！再见爸爸！"我问："你把谁叫爸爸呢？"可心又对着同学的爸爸说了句："再见爸爸！"把我们都逗乐了。我说："爸爸不是随便叫的，同学的爸爸你应该叫叔叔。"可心反问道："不都是男的嘛，有啥不同。"我看她有点故意的样子，就只是说："爸爸是咱家的人呀，叔叔是别人的爸爸。"

等上了车，我问可心："你是不是想爸爸了？"她说不是，我估计她不好意思承认，就又问了句："那你是想喊爸爸了？"可心说："你猜得可真准！"这家伙，说话还会绕弯子。于是我给可心爸爸发了个微信，把刚才的情形复述了一下，过了会儿他回信了，说："我可真够失败的。"我想这件事多少对他有所触动吧。第三天，也就是放假的第一天，他回北京了。这次回来他表现还真不一样。首先是天天做饭，一天三顿都是他做，做得还真不错；二是态度不错，不像以前回来就拉个脸，现在也笑模笑样的，也跟我们聊聊天；三是回来还给可心带了好多枇杷和丑橘；四是 5 号下午主动要去商场给我买衣服！哎呀妈呀，我都几年没穿过他买的衣服了！花他的钱跟自己给自己买衣服就是不一样！结果一趟商场下来，给我买四件，给他买四件，六千多，我又心疼了！

放假几天，到处都是人，再加上可心爸爸更希望在家待待，所以我们一直在家糗着。直到假期的最后一天午后，才想起来出去溜达一下。就近选了个没去过的永定河公园，人不多。可心在河边发现了环卫工人放在那里用来夹垃圾的木夹子，没见过，很新鲜。拿着木夹子夹烟头玩得不亦乐乎，10 分钟左右就夹了十五六个烟头了。我和可心爸爸就坐旁边跟环卫工人聊天、玩手机，如是一个下午，还蛮轻松的。后来可心走不动了，爸爸抱着她，虽然只有一段路，但可心美得不行，笑得脸上跟开了花似的。可怜爸爸已经有点抱不动了！

在公园广场骑洋车，可心竟然骑了六圈！还兴致盎然的！骑到爸爸跟前，喊到："嗨，大哥，给钱，我还要再骑一圈！"也不知道她跟谁学的，这几天一跟爸爸说话，就喊"嗨，大哥"，一跟我说话，就喊"嗨，大姐"！看到她这么快乐、开朗，我也幸福得无以言表。

这样的爸爸才更像爸爸，这样的爸爸才不只是个称呼！

可心第一次摆摊儿

（2014-06-10）

一个半月以前，我们杂志社开通了两个微信公众平台。这两个平台每天都要定时向用户推送经过精选的信息，一个是面向专业人士、行业人员的质量与认证，另一个是面向普通消费者的消费指南。前者每天推送 5 条信息，后者每天推送 2 条。所有内容在推送前我都要审核，而且因为是刚刚开始做微信平台，所以几乎每天都要根据反馈信息进行各种调整，包括筛选原则、标题、页面、配图、内容、篇幅、版权问题等。辛苦是很辛苦，相当于原来每月一次的终审现在变成了每天一次！但是也很有成就感。你的每一项改进都能立竿见影地看到成效，你为用户所做的每一件事都能在他们的反馈里看到回应，这对任何热爱工作的人都是无法代替的奖赏。

唯一对不住的，就是我用在可心身上的时间少了很多。特别是每天晚上我都得抽出一会儿工夫看微信，而这个时候本来是属于可心的，是我们俩的共度时光。好在慢慢地，我也在寻找一些合适的方式，让可心可以参与进我们的工作，这对她也是一种锻炼。比如这个周末，我们去燕郊小孙家温锅，之后在他家旁边的一家物美超市门口推广我们的微信，凡关注了我们微信号的人可以赠送一个环保购物袋。我们在超市门口立了一个易拉宝，然后人手一张宣传卡片，效果还不错，甭管是冲购物袋还是冲别的，现场加关注的人还真不少。我在前边给人推广微信号，可心跟在我后边发环保袋，她也觉得挺新奇，特兴奋。一看我们这儿挺热闹，保安过来了，不让摆易拉宝不说，还轰我们走。可心见一个穿制服的保安说我们，虽然人家态度挺温和的，但她脸上就先挂不住了，都快哭了！脸色在急剧变化中，还把手里抱的环保袋都往我手里一塞，说："妈妈，我不想发了，我想回家。"这心理承受能力哪儿行啊，必须得传递点正能量，否则留下阴影了怎么办？我先稳住可心，然后对保安说："这儿你管不着啊，你是天洋城的保安，你只能管墙里边，出了墙就是市政的范围，根本不是你们小区的范围。"保安一想对呀，就换口气了："我也知道，但是我们领导让我们管，让他看见不得说我们呀。"人家已经接受咱的道理，讲情了，我也不能不接啊："你看，谁愿意周末还出来工作呀？不过我们是质检总局办的杂志，刚开通了一个微信号，就是每天给大家发些哪些产品可以用，哪些产品不能用的信息，都是咱老百姓需要的。比如我们上周抽查了酱油，有些质量太差了，根本就不能吃。可是我们不把这信息发给大家，大家怎么知道呢？我们又不做广告，又不卖东西，还免费给大家提供有用的信息，你说我们是不是为大家好？"说得保安连连点头，再加上咱这不卑不亢、潇洒超群的气质，保安明白了！我们不是搞推销，我们是在做公益啊。保安终于点点头：“行，那我也扫一个吧！”一个两个三个，仨保安全部搞定！我和可心相视一笑，我相信她以后不会那么容易退却了，不争取怎么能干成自己想干的事呢？

在回家的车上，我又给可心分析了一下下午的事情，告诉她一个人想干点什么事的时候，不是每一个人都理解你、支持你的，关键是你是不是真的想干成这件事，如果是，碰到困难就不能轻易退缩，想办法解决困难才是正道，只要你想办法了，并且坚持了，就一定能干成！可心频频点头，说：“摆摊真累，这就是我们今天的生活，今天真快乐！”

我坚信，温室的花朵经不住风雨，只有认识到生活的多面性，才能从容应对生活的风雨。我没能力给宝贝提供一生美好如童话般的生活，也不希望她对将来的生活抱着童话般的幻想，因此，就要帮她练就抵御风雨的心理素质和能力。

毕业教育

（2014-06-20）

昨天给可心买了一箱书，全是关于成长教育的。因为下周上完，可心就幼儿园毕业了，两个月之后，就将成为一名小学生。这和之前的幼儿园相比，绝不仅仅是长大了一岁而已，而是人生步入了一个新的阶段。一直在想，送可心一个什么礼物来庆祝她的毕业呢？后来觉得，什么礼物都没有对她进行必要的成长教育重要！于是，上当当网买了几套相关的书籍，打算就在毕业前后这一段给她讲讲。

每个孩子都对自己的身体充满了好奇，对自己跟异性小朋友身体的差异充满了不解，对自己是怎么来的百思不得其解，对自己跟大人的不同也是一头雾水。所以，到了一定阶段，孩子都会特别关注自己身体的构造，特别希望探索生命的奥秘。按老规矩，都是编个善意的谎言，告诉孩子一个童话故事或者是一个神话来解释生命的起源，新派的育儿专家都说要告诉孩子真相。但真相怎么说，怎么说的让孩子能理解又不至于让大人担心，是个比较难把握的技巧。

昨天书送来了，竟然有一箱。晚上回家可心看见了就要打开。第一本是胡萍写的《成长与性》，我也没挑，就先念这本吧。

第一部分讲男孩的身体是什么样的，女孩的身体是什么样的，男孩和女孩的差别。刚念几页，可心竟然害羞了！还用手捂着脸！但是又偷偷从手指缝里往外看。讲着讲着，她就忘了害羞，跟我一起指着书上的图问东问西的。第二部分讲的是宝宝是怎么出生的，可心听得很认真，对剖腹产问了好多问题，主要是因为我告诉她我就是剖腹产生的她，她还对我肚子上的伤口又重新研究了一番。第三部分是讲一个人从出生到长大、结婚、生孩子到变老的过程，可心说："等我长大有了女儿，就是你女儿的女儿。"说得多清楚啊，说明听懂了！第四部分讲了家庭的形成和变化，大人为什么会离婚，离婚对孩子的影响，可心竟然边听边哭，好不容易才劝住。我们花了一个半小时讲完了这本书，可心听得很认真，把平时零零散散问的一些问题都问了，从开始的害羞到后来大大方方地跟我讨论，从感到神秘到科学思考，我觉得这次成长教育非常好，让孩子对生命和身体不再感到神秘，一个不再神秘的问题，孩子慢慢就不会那么感兴趣和过度关注了。我还讲了应该如何保护自己的身体和隐私，同时也厘清了一些认识和知识，让她对生命和身体有一个基本的科学认知。

跟妈妈一起培训

（2014-08-11）

6 月 27 号可心幼儿园毕业，7 月初就去了西安。本来预计会在西安至少待到 7 月底，可心舅舅还一直争取能否到 8 月底，开学再回北京，也好跟悠悠哥哥好好玩一个假期。现在俩人都长大了，会玩，也不会打架，哥哥还挺知道保护和照顾妹妹的，所以俩人玩得很开心。可是不幸的是，五小在 7 月中旬安排了两个半天的新生培训，还要求必须参加，只好在 17 号又让可心爸爸把可心接回了家，参加完培训，可心爸爸又去成都了，我在参加新闻出版总署的社长、总编培训班，可心无处可去，只好跟我一起参加完余下的培训。

好在培训班里还有另外一位妈妈主编也带着女儿，比可心大 10 个月，而且我们住的宾馆里有个小动物园，养了几只羊、几只鸵鸟、几只鹿，还有鸡、鱼和小狗，所以她们俩每天倒也玩得不亦乐乎，基本不需要我们大人操心，也不影响我们上课。而我们班上有两位满头华发的主编大姐，对小动物充满爱心，每顿饭后，她们都不辞辛苦地拿着塑料袋挨桌收集大家吃完的西瓜皮、玉米棒、馒头什么的，然后送去喂小动物。很快，可心就和那个小朋友金悦也加入了她们的行列。每顿饭吃到快接近尾声的时候，这两大两小四个人就各自提着塑料袋在各桌之间穿梭。开始大家吓一跳，正聊着呢，怎么伸过来一只小手，直接抓盘子里剩的瓜皮？还以为是外边进来讨饭的呢。后来明白了，都很配合，主动把没吃完的东西放到她们俩的袋子里。再后来俩大人都不去收集了，就这俩孩子全办了！度假村有个不小的院子，院子的花园里种了很多桃树，在两位主编大姐的带领下，俩孩子每天还去摘两次桃，也是去喂小动物了。我还真是第一次知道动物们那么爱吃桃子！喂的时候更好玩，可心和金悦不敢进去，隔着铁丝网喂，我们去的那天网旁边堆了一堆新打的草，据说是管理员给动物们准备的一周的粮草，上午我们上课，可心和金悦去喂羊，中午发现草就剩一半了；下午我们继续上课，她俩继续喂羊，晚饭后去看，草竟然没了！问她俩，说都喂羊了！我们都怕把羊们撑坏了！还好一夜无事。之后几天，管理员再没打草，估计是看到每天有这么多人拿着瓜果梨桃来喂，顿顿不落，还准备啥呀，乐得清闲一会儿吧。几天之后，那些羊们看见她俩就咩咩叫，别提有多亲了。那位主编大姐因为每次都进去喂，羊更喜欢她，由此她拿了几个花卷给一只怀孕的鹿吃，被一只黄羊横空抢去一块，等她喂完要出来的时候，那只黄羊横拦在她前边，用身体挡着、扛着，就不让她出来！这羊也成精了！

准备上学

（2014-08-14）

开学前的假期，学校就给孩子和家长各派了一堆的家庭作业，孩子的作业是背诗和算术作业，家长的作业是按学校要求买各种学习生活用具，以及帮助孩子养成一些良好的学习生活习惯。

对可心来说，背诗和算术作业都不成问题。开始她对要背这么多古诗还挺有畏难情绪的，但当我告诉她 35 首古诗有四分之一是小时候给她教过的，虽然现在已经不记得了，可这些诗她小时候都背过，现在只不过需要再熟悉一下，想起来就可以，可心立刻就兴奋起来，而且确实她也很快就把这些诗都记熟了。后来我就把一些以前没背过的诗也告诉她曾经背过，她果然也以同样的速度很快记住了。可见自信心才是最重要的，只要自己觉得自己行，就真的行！这是一个良好的开头，不过后边的诗越背越快，却得益于一首完全陌生的诗。“风（李峤）——解落三秋叶，能开二月花。过江千尺浪，入竹万竿斜。”当时我们俩在车上，我一边开车一边教可心，她因为不懂每一个字的意思，所以每句短短的 5 个字都没法连读出来。我就一边开车一边给她解读了一下这首诗，没想到可心一下子就记住了整首诗。

我大大地表扬了她，夸她会利用理解后的意思来帮助自己记忆，告诉她其他的诗也可以这么记，就是理解诗意，然后根据诗意在脑子里勾画画面，画面好记，然后依据画面再记住诗句。也许是这个方法的作用，也许是这么快记住一首陌生的诗鼓励了可心的自信，后边的诗她背得越来越顺溜，基本都是一天教三首记三首，第二天再背也没一点儿问题。

数学老师要求买口算题卡，可心已经开始做了，我翻了翻很简单，可心应该都会，所以就没再管，她一天能写几篇就写几篇，我只是要求她写字姿势必须正确。

可心的学习应该不用担心，我相信她在学校肯定是个乖孩子、听话孩子，学习也会不错。我担心的是她需要多久才能适应小学生活？能不能适应目前这种竞争激烈的学习环境？因为可心适应环境较慢，对陌生环境有惧怕心理，特别不愿意表现自己。这是我最担心的，老师课堂提问她不举手怎么办？面对机会她从不争取，机会会找她吗？现在男孩子到了最淘气捣蛋的阶段，会不会欺负她？一言难尽我的担心啊。但愿她能顺利适应新环境，有新的好朋友，度过快乐、美好的小学生活！

角度不同

（2014-09-29）

某日跟可心一起出去，在车上她突然问我："妈妈，是不是地球上不同城市的人看到的月亮是不一样的？"我问为什么呢。可心想了想说："因为角度不同。"这种思考问题的方式值得赞扬！

昨晚可心和天天、千千一起在楼下玩老狼抓羊，可心和天天都很活跃，因为他们已经玩了很多次，而且又是那么爱玩，千千第一次玩，所以不活跃，老在窝里待着。可心尤其活跃，已经能很准确地把握时机，在老狼注意力稍稍转开的一瞬间，迅速完成换位。千千平时跑得很快的，但是因为生疏，所以不敢动。千千妈妈不断地鼓励她，我们几个大人都鼓励她，给她支招，她还是不动。千千妈妈想尽办法，后来说："你不是跑得很快吗？你比可心跑得快吧？……"后边的没说，我猜她是想说你比可心跑得快多了，她都敢动，你怎么不敢？当时我听到这话心里立刻就起了反感。她想用这种对比激励自己孩子、给她信心，但却没考虑到她的话在我和可心角度对我们的伤害，不过好在话说一半她还是意识到了，所以及时停住了。这就是没有考虑别人的角度。

我要跑得更快

（2014-10-08）

今年十一放假我们跟可心幼儿园的几个朋友一起出去玩。

对孩子们来说，无论在哪个景点，他们都只是跑、追，甭管你有啥意义深远、难得一见的文物古迹，他们都不看在眼里。到了吃饭的地方，他们依然是玩得不亦乐乎，一个说不吃，四个都不吃。一个说减肥，四个都减肥。我们大人也顾不上了，自己都喝得晕晕乎乎的，哪儿管他们吃没吃饱。有愿意来吃的，给夹点；不来的，就放羊吧。后来我们也有经验了，吃饭都不给孩子们留位子了，反正他们总是在沙发上玩。干脆给他们点些烙饼、炸鸡什么的，边玩边吃点。如是四天，回来一称，大人都胖了 3 ~ 5 斤，孩子都瘦了 1 ~ 3 斤。

中间发生点小插曲。开始挺好的，两天之后，有个胖胖的小朋友就有些不大喜欢可心，不仅在玩游戏时常常挑可心的刺儿，甚至还排挤她，发展到最后一天从山上下来的时候，还打可心了！当时仅仅是可心要超过她走到前面去。可心本来就是个很内向的孩子，跟人交往时需要鼓励才会往外走那么一点点，一旦受点打击立刻就缩回来了，所以后来的两天她经常自己在旁边玩，而那三个孩子在一起玩。我看了很心疼，一再鼓励她去和别的孩子一起玩，可她只是说她不想玩。有一天，她很落寞地问我，为什么胖胖老说她，我也解释不了。直到胖胖打了可心的那天下午，我问胖胖为什么不愿意跟可心玩。胖胖说："我不喜欢她。"我很惊讶，因为可心是那种特别不强势的人，从不跟人发生争执，还没有哪个小朋友不喜欢她，我又问为什么。这个小朋友说："他们三个老跑那么远，把我落最后。"这个小朋友很胖，所以跑得确实不快，只要孩子们一跑，准是她落最后一个，而且还落很远。以前可心也跑不快，但是从去年开始我特别注意让她多跑跑，现在速度已经快多了，虽然还是追不上最快的豆豆，但是比她自己以前已经是飞跃了。我特别理解胖胖的心理，同行的小伙伴一个个都跑得飞快，每次都是她被落到最后，心里肯定很难受。但是三个孩子都比她跑得快，为什么那两个孩子没事，她独独不喜欢可心呢？胖胖说："豆豆原来就跑得快！"哦，原来是这样，从一开始就优于自己的人，我们是可以接受的，但是原来你跟我一样，现在你要超越我，我就不能接受了。这也许是人类的普遍心理。

了解了这个原因，我给可心做了一番解释，因为她还不理解自己为什么无端端地就遭到排挤，怕打击了她的积极性。我跟她解释了嫉妒和羡慕两种感情的区别，告诉她要正确对待嫉妒，在未来的人生中，你越优秀就越容易遭人嫉妒，在这种时候，要坚持自己，只有让自己变得更优秀，嫉妒你的人才伤害不到你。而当你看到比自己优秀的人，可以羡慕，然后努力去变得跟人家一样好，但是不要嫉妒。通过这个解释，可心不仅忘记了被排挤的不快，还确认了自己在跑步方面的进步，第二天跟我说：“妈妈，我现在爱跑步。我要跑得更快！”

彩铅习作《辣椒》 绘画·姚楚卿

第一次考试

（2014-10-17）

可心上学一个多月了，其间做过几次试卷，但好像不算考试，老师可能只是让孩子们适应考试这种形式。上周进行了一次真正的考试，算是上学以来的第一次考试吧，语文、数学、英语。这周试卷发下来了。可心分别得分99、93、96，可心对自己好像还挺满意的，都是90多分嘛。其实这已经算考得不好的了，因为全班语文平均分是98.5，数学平均分是95.475。我没对分数表现出过多的在意，只是检查错了的地方，让可心又重做了一遍，确保她都会了，并且知道以前是怎么错的。

我知道分数并不是最重要的，但是所学的知识不能有盲点。这几天一直在想各种办法给可心灌输这个，既怕她吊儿郎当不把学习当回事，又怕她过于看重分数想不开，当个学生的妈妈好难啊。

昨天老师又通知说今天语文月考，昨晚问可心："明天你们要考试了，有没有不会的地方，需不需要复习一下？"可心说："不用，我都会！信心满满的。"早上我对可心说："今天考试，能不能比上次考得更好一些？别再有错的地方？"可心说："行。"她很平静很有自信。

我对可心在学习上抓得并不紧，一方面是不想给她增加学习负担，另一方面是希望她能养成自己学习的习惯，不知道我的方法对不对？昨天晚上问了天天的学习方法，他每天回家自己靠拼音阅读 4 ~ 5 页，诵读书本上的课文，语文读本也每天看。这次他三门都考 100。虽然一次成绩并不能说明什么，但毕竟效果不错。天天的方法好像跟我们的不太一样，人家自我加压，也养成了自己学习的习惯，而且目前看来效果很好。所以，我是不是也需要做些调整呢？加压太多，可心能接受吗？就她现在的脾气，我觉得适合先放养一段，要求太多怕激起逆反啊。还有很关键的一个考虑，学习是一个循序渐进的过程，一开始加压太多，孩子容易对学习丧失兴趣。与其如此，我倒愿意顺其自然地开始，逐步引导孩子重视学习，遵循规律让她爱上学习，至少让孩子能够自觉学习，这样家长也会越来越轻松的。

我不想说不高兴的事

（2014-11-18）

虽然十一刚刚出去过，但赶上史无前例的APEC假期，不出游觉得对不起这个假期，所以我们又一次选择了出行。

行程安排好后，先跟老师请假，现在可心请假比我请假都难。花了好几天的工夫，好说歹说，软磨硬泡，老师总算是同意了，但要我写张假条，而且要可心跟她说。可心不敢呀，平时她见老师都不怎么敢说话，更别说她也知道老师不让请假。假条装了好几天，她愣是没敢给老师。一直到走的前一天晚上，我跟她说你再不请假明天就不能走了，她第二天才战战兢兢地把假条给了老师，但是没敢说话。

在成都几天玩得不错，去了我一直没去成的乐山大佛、青城山，见了外甥，还带可心看了熊猫繁育基地、川剧变脸。特别值得一提的是我们住的酒店，超级超值。三星的价格、五星的设施，关键是非常舒服。可心喜欢这个酒店，喜欢到每天都不想出去，就想在酒店玩，酒店房间有个大飘窗，大飘窗上铺着厚厚的垫子，旁边还有个大贵妃榻，可心就喜欢坐在那儿打牌，或者跟爸爸玩土豆和地瓜的游戏。我们真的就在酒店玩了两天，一天是我跟她打牌、在大堂书吧看书，一天是跟爸爸打了一天牌。

到我们要走的时候，是在可心跟爸爸疯玩了多半天之后的下午，从极度的快乐到离开爸爸，可心心里肯定不好受。所以到机场的时候她不怎么说话，表情也比较呆板。等进了安检区等待登机的时候，我问可心：“这几天在成都都有什么难忘的事情啊？”可心说了几件事，我又问她：“怎么没说今天跟爸爸分开回北京的事？”可心有点恶狠狠地说：“我不想说不高兴的事！”

水彩习作《田野》 绘画·姚楚卿

她相信我，我当然要做好

（2014-11-18）

11 月 15 日下午，学校召开了本学年的第一次家长会。通报孩子们在学校的情况，也介绍了学校的安排和教育理念，希望家长们能跟学校互动配合，给孩子提供一个良好的成长环境。先是全校的大会，然后是各班的小会。我们班还有五位家长介绍了育儿经验，这五个孩子都是连续 5 次全考 100 分的。晚上睡前跟可心说了下家长会的情况，为了鼓励她说老师表扬她了。她很激动，然后问我怎么表扬的，我只好把专心听讲啦、考试进步啦、跟同学友好相处啦、作业认真啦等能想到的都说了一遍，但每说完一项她都还会让我再说一个，似乎一边听得很舒坦很过瘾，一边又没过够瘾，所以我还得不断地编出新的值得表扬的事项。她呢，还一再确认“她（指老师）真的这么说的？”当我说到因为她按时浇花和收作业，侯老师表扬她有责任心的时候，可心激动得一下子从被窝坐起来：“她把这么多事情交给我做就是因为相信我能做好，我当然要做好了嘛！”我被这句话和可心说这句话时的神态、气势惊呆了！原来这些事在她心中有这么重的分量呢，那是老师对她的信任！也许就是这份信任才使她逐步适应了学校的生活！

直到迷迷糊糊睡着的时候，她还在说："妈妈，侯老师还说啥了？"然后就睡着了。我中间说老师还说了要改进的地方，她自己就接话了："要积极举手发言。不过我已经比以前好了。有一次解老师叫我上去讲，我特别紧张，后来一想那有啥可怕的嘛，就上去讲了。"

看着她心满意足睡着的面孔，忍不住又亲了亲她。我可爱的宝贝，你小小的心灵竟然已经意识到信任的重要性，为了对得起老师的信任，你自律、自强，这份坚韧让妈妈都敬佩！妈妈也相信你，只要你愿意，你一定可以实现你所有的梦想，做最好的自己！

自信正逐步回归

（2014-12-04）

可能因为从小被管得过严，可心自信心严重不足，由此而导致不够开朗、不够主动以及在跟人（特别是不太熟的人）交往中的沉默寡言，我是看在心里急在心头。好在从去年开始我已经意识到这个问题了，我也在利用一切可以利用的机会来引导、训练、培养她，倒不是一定要把她培养得成名成家，只是希望她朋友多一些，融入集体快一些，最关键的是让她在与社会的相处中得到的快乐更多一些、障碍更少一点。

去年到今年，可心的变化还是很大的。连天天姥姥从老家来了见了可心都说像变了个人一样。首先是比以前活泼多了，当然这还只限于比较熟悉的同学朋友们；其次是比以前能跑了，这也是我刻意鼓励的一项运动，以前可心太蔫，得让她活跃点，我一直鼓励她做一个灵活的胖子；第三是声音比以前大了；第四是能主动地去克服自己的胆怯心理；第五是开始有责任心、自信心了，这要特别感谢老师给可心安排了一些她力所能及的工作，又是浇花又是小组长的，她的自信心和责任心就慢慢培养起来了。

前天晚上作业要求读课文，可心的表现让我非常惊喜。首先学过的课文她都会读，而且读得很流利，最难能可贵的是她把课文读得那么抑扬顿挫、有声有色，一般孩子读课文都容易读成一个声调，没有起伏没有变化，可心读得那是真的带感情，而且感情到位，悲喜合宜，高低有度。我不禁激动地拉着可心的手（是真的激动，可不是为了激励她）说："宝贝，你读得好得出乎我的意料！我没想到一个刚上一年级的小孩竟然能够根据课文的意思把课文读得这么美，这么有感情，这么有声有色！"我是发自内心地赞美我的女儿，我从来没教过她朗诵呢，她竟然就朗诵得这么好！确实出乎我的意料！

当我真诚地赞美她时，她的脸上露出了发自内心的、那么满足甚至陶醉的笑容，这笑容让我既激动又心痛。激动的是我对她及时的赞美是对的，心痛的是我平时对她的赞美太少了。

也巧了，刚读完书，就收到老师发来的信息，说让孩子们自愿报名参加一个少年宫组织的比赛，有乐器、美术什么的，我征求可心意见时，她豪不犹豫地选择了绘画和朗诵。这在以前是没有的，上次让她把以前画的画拿到学校去参加展览她都扭捏着不愿意，更何况比赛呢。如此看来，表扬和鼓励真的可以增强一个人的信心，在逐步适应新环境的同时，可心的自信心也正在逐步地回归中。

加油，我的女儿，妈妈相信你！

2014 的转变

（2014-12-30）

2014 年就要结束了，只能感叹时光匆匆，就像我经常跟可心说的，在你磨磨蹭蹭的时候，时间就从你的磨磨蹭蹭中溜走了——时间可从不磨蹭。不过回首这一年来的一切，觉得还是一切向好，我们仨无论哪个，自己跟自己比，都进步很大呢。

首先是可心。9 月份上学，开始略有些不适应，关键是自信心缺乏，后来与老师数次沟通，在学校给她创造一些机会，让她认可自己的价值，发现自己的长处。在家也是时刻注意鼓励为主，批评尽量少，我也尽量克制脾气，多发柔功，少来戾气，综合作用之下，近来可心进步很大，不仅成绩提高，学习兴趣增强，好的习惯逐步养成，最关键的是对自己的接纳程度大大提高，有了自信心，也敢跟小朋友交往了。

12 月 24 号家委会组织了一个圣诞联欢会，提前两周老师就让孩子们自己报节目，完全自愿。我原以为可心肯定不报，因为她几乎从来不愿意在人前表演，又不愿意参与竞争。让我没想到的是，我一问可心报不报节目，她思索了一下说："那就报一个吧。"那么轻描淡写，又那么云淡风轻，却不知这句话对我来说是多么惊喜！我问报什么，她说："诗朗诵吧。""什么诗？""我们的校园。”一切好似深思熟虑，一切都在掌握中的感觉。可心第一次在我面前朗诵课文，确实朗诵得很好，我也真实充分地给予了极大的肯定，从此，可心对诗朗诵这件事就充满了自信，包括不久前的少年宫比赛她也是自觉自愿地报了诗朗诵。可见，她以前的不自信应该还是源于第一次做这件事时我没有给予及时充分的肯定，我的态度影响了可心对自己的认同。这是我必须彻底反省的地方。要不说一切孩子的问题都是大人的问题，然也。虽然我以前并不是要打击她，但是说话的方式还是提意见多。

可心 12 月份又开始学钢琴，上次是在两年前，只上了一次课就不学了。这次开始学之前我一再跟她确认，能不能坚持下来，她说能。事实证明，这次的学琴可心确实表现不错。不过这次也有一个有利的因素，就是家里租了一架钢琴，这样练起来就方便多了，不用每次都跑到琴房去。开始是我假装要跟她抢琴，而且我先练会了一首歌，有空我就弹会儿，刺激刺激她。她又对琴新鲜，再在我的无形压力下，一天练好几次。上周二姐姐来家，演奏了几首乐曲，悠扬的琴声给了可心很大的鼓励和动力。等二姐姐走了之后，她练琴就更自觉了，并且好像一下子开窍了似的，现在已经可以完整地弹两首曲子了——《玛丽有只小羊羔》《老麦克唐纳》。可见，榜样的力量是无穷的！

老师一直要求每天回家要听英语录音，但是晚上我们总是没时间，所以我就给她每天早上起床放，一方面是叫醒，另一方面还可以练练听力。自从开始听录音之后，可心每次英语考试都是

100 分。虽然我没有过多地强调分数，但是她自己还是很激动的。我告诉她这就是因为你每天都坚持听录音，只要你能坚持听，并且经常开口说，英语一定能学好。这极大地鼓舞了她的学习热情，最近接连的数学、语文都有 100 分。有进步她自己就感觉得到，这让她相信她有能力做好这些事情，而这信心又鼓舞她继续努力，因为她看到了努力的效果。

在跟同学交朋友方面，可心也进步不小。不仅现在下楼可以跟小朋友玩到一起了，而且也经常邀请同学来家玩或者她去别的同学家，交往圈子比以前大了，跟同学玩也有了互动，甚至有时候还可以提出反对意见，虽然跟别的孩子比起来保护自己的能力尚有不足，但跟自己比已经大大进步了。

跟自己比，也许这是一种不进取的阿 Q 精神，但是现在我们就是只跟自己比，这能提高她的自我认可度，只有自己接纳了自己，自己相信自己，才能做最好的自己。

跟我自己比，我也有了很大的改变。这改变让我也更自信，更快乐，更知足，更能感受到幸福。自去年姥姥回西安后，我独自一人带可心，事无大小都得自己动手操心，分分钟都不得解脱，累虽然累，但也让我学会了面对和无可逃避。在这样无可逃避的面对中，所有的问题都得自己去寻找解决方案，这让我在育儿方面迅速成长起来。与可心的相处也越来越顺畅。以前因为对孩子寄予了太多的希望，总想按照规划给她设计人生，所以弄得自己焦虑，孩子逆反。通过不断的学习和调整心态，我已经发自内心地认识到孩子的人生就是她的人生，父母只要尽到应有的抚育和保护责任，其他的应该让孩子顺其自然地成长。没有了成长的焦虑，心态就更放松了，与可心的相处也越来越舒服，我也能更多地享受与孩子相处的时光，并且更加珍惜。即使现在看来是麻烦是劳累的一些事情，也成为我们母女相处中值得珍惜的瞬间。我甚至常想，再过几年，我想为她做这些事的时候，她还不一定愿意让我做呢。每念及此，就能化劳累为享受，化怒气为平和，任劳任怨，笑脸相迎。

我另一方面的进步表现在对脾气的控制上。其实在外边我的脾气挺温和的，可能每个人都需要一个宣泄的渠道吧，回家后我的耐心就大打折扣。以前姥姥常说我，高兴的时候把孩子捧上天，脾气来了恨不得一脚踹。这是我的缺点，今年我改变挺大的。主要因为三点，一是我想我对外人都那么有爱心有耐心，怎么不能对我最亲爱的女儿也耐心一点呢？二是有时候虽然很急人很气人，但是我能不能用智慧化解，想到更好的解决方法呢？第三，我看到一篇文章对我触动挺大的，是说对孩子来说最幸福的是有一个情绪平和的妈妈。这三点改变促进我不断自觉地控制、化解怒气，寻求更智慧的解决方案。目前看来效果真的蛮好的。因为我对孩子不怎么发脾气了，所以她的胆子也越来越大了，自信心也越来越强了。这是我最宽慰的。但同时也让我对自己以前的有些行为更为愧悔！女儿，原谅妈妈以前对你发过的脾气吧，妈妈也是第一次做妈妈，很多东西我也得慢慢才能学会。

进步很大的还有可心爸爸。三年前他被派去成都工作，基本一个月甚至一个多月才回北京一周，这一周中还要在这边上班、见客户、会同事，也是没几天在家。这几年他的存在就是一个符号。但是今年他有了巨大的变化。不仅家里的事也多少操些心，回家后的态度也不像以前那样沉郁，而是相当阳光爽朗。每天早上起床给我们做早餐，下午下班只要有时间就去买菜，只要他在家肯定是他做饭。家里什么东西坏了让他去修也痛痛快快的，出去买东西、吃饭也主动张罗了。每个周末除了打球（打球应该也是他发生改变的原因之一），也乐意安排时间跟可心和我一起活动，甚至还主动陪可心写作业。也许这在别人看来都是一个父亲和丈夫应该做的，但在他，还真的是刚刚开始发生的转变。但我已经相当满意了。

因为这些改变，我甚至觉得今年是我 44 年来最幸福的一年，有时候甚至惶恐地想，老天爷怎么对我这么好？要不要这么幸福啊？不会有别的什么灾祸等着我呢吧（因为太幸福了怕自己德不配位）？所以要让自己更善良，帮助别人，多做好事，成人之美，否则我怎么对得起让我这么幸福的老天爷呢？

如果用几个词来总结 2014 年的话，我想首先是一切向好，其次是知足常乐，最后是感恩向善。感谢 2014 年，感谢关心爱护我的亲人们，感谢我身边的每一个人，你们对我的关心和支持是我一路走来的内在动力，感谢你们出现在我的生命中，让我的人生更加丰富多彩！

考试

（2015-07-01）

时间过得真快，一个学期马上就要结束了，这个学期的结束同时标志着一年级的结束。从今天开始进行为期三天的考试，语文、数学、英语。对这个学期中最重要的一次考试，孩子们没怎么在意，反倒是老师更紧张、更在意。两周前，老师就在家长群里发了通知，要求督促孩子好好复习。上周每天都会留一些同学在学校补课。周末还给布置了三套卷子，要求进行强化练习。老师真是挺辛苦的，就考试内容而言，孩子们应该都问题不大，就是细心不细心、认真不认真的问题。

今天早上起床，可心又磨蹭了一会儿，我一再提醒她别考试迟到，她才起来收拾。等坐到桌前吃早餐的时候，我告诉她考试要认真、细心，因为她都会（鼓励一下，增强自信），只要认真了就不会错。结果她自己接道："认真就行，只要尽力了，即使没得100分也没关系的，尽力了就行了。"我只好说是，不能给她增加压力呀，何况人家都给自己找这么好的台阶、进行预先铺垫了，将来真没考好，还真不能说什么了！

侯老师说可心学习"没问题，一点问题都没有"，因为她有个最大的优点就是上课听讲特别认真。所以虽然不是次次考试都得满分，我也真没为她的学习担心过。上学期因为刚上学，考试基本都在 90 分左右，期末竟然还考了双百和一个 96 分，这学期上半段几次单元考试都考得很好，基本都在 95 和 100 分之间。但是到学期后半段几次单元考试反倒都没考好，80 多分、90 多分，很少有满分的。第一次考 88 分的时候她肯定也没想到，而且不想让我知道。但是老师要求试卷家长要签字，所以有一天回家，可心这样开始她的谈话："妈妈，李某某这次考试才考了 70 多分。"我本着不要过分强调分数的原则是这样说的："一次没考好也没关系，只要她尽力了，把不会的弄会了，下次还可以考好。"可心强调："对，一次没考好也不能说她是坏孩子。"我说当然。说这些话的时候，可心正在收拾书包，我看她把一张试卷一样的东西拿出来揉了揉塞到一个盒子里了，显然是不想让我看到。动作结合语言，我预感有点问题，于是问她考了多少，她说："我也没考好，88 分，不过我也尽力了。"基于前边那么多的铺垫，我只能说："一次没考好没关系，来，咱俩一起看看你错在哪儿了，把它弄懂了就好了。"

可心说话会铺垫了，这是情商增长的表现啊，所以我还是挺高兴的。希望这次期末考试她能考出她的真实水平，不过，一次没考好也没关系的，下次再努力就好。我相信我的宝贝闺女肯定是个学习好的孩子，因为她有股想学什么就一定要学会的韧劲儿！

9 月 21 日

（2015-09-22）

9 月 21 日本来是个平平常常的日子，但从昨天开始，成为了一个不同寻常的日子，成为了一个值得纪念的日子。用可心的话说“今天真是一个幸福的日子”。

为什么呢?

昨天我去接可心放学，队伍出来的时候，她走在队列中，手中高举着一张小 16 开的纸，我还以为老师又发啥通知了，伸手想接过来，她不给我，书包也不给我，非要跟着老师走到指定地点。这孩子就是这样，特别听老师的话，一点违拗甚至变通都不敢有。我因为值周所以就没过去接她，本想让托管老师接了就行了，谁知过了一会儿老师又给领过来了。她一见我就激动地跑过来抱住我，手中还举着那张纸。这会直接递给我看了：“妈妈，看！我今天收到少先队的邀请了！”我看看那张纸，是一张加入少先队的申请书。原来，二年级该加入少先队了，但是要加入之前得先写一个要求加入的申请，但又不是大家一起写，老师根据表现分批发给孩子申请书。收到申请书的孩子回家认真填写之后交给老师，再安排入队仪式。昨天是老师第一次发放申请书，班里只有三位同学收到第一批邀请书，其中就有可心。这对她来说可是个大大的鼓励和肯定，因为她自己一直不敢肯定自己是班里的好学生，这次的事情极大地增强了自信心。昨天回家后表现都出奇地好，特别好沟通。

给我看过之后，我继续值周，跟可心说让她先去托管班上国画课，她也痛痛快快地同意了，没非要缠着我。等值周结束，我去买了菜，又理了发才去接的可心。我跟她说："可心，今天妈妈觉得很激动，很为你自豪，咱俩做顿饭一起庆祝一下如何？"可心也很高兴。于是她洗菜、切菜，我炒菜、炒肉，可心还在我的指导下学会了蒸米饭，在我炒菜的过程中，可心又给我们摆了个桌，每人一套筷子、叉子、勺子，还有酒杯。她一杯饮料我一杯啤酒。我们俩高高兴兴来了顿庆祝晚餐，干杯若干次，互相祝福。饭后可心把申请表填完了，我们俩还模拟了一下宣誓的过程，把誓词读了几遍。可心练得有模有样，特别认真。

真是完美的一天，也是幸福的一天。宝贝，因为你的原因，一个普普通通的 9 月 21 日从此具有了不一样的意义。谢谢宝贝，妈妈相信，随着你的成长，这样具有纪念意义的日子会越来越多，它们将记载你成长中的一个个闪光点。因为你，未来的每一个平淡的日子都将变得多姿多彩，熠熠闪光，让妈妈的人生也变得不平凡和有意义，并且体会到无比的幸福和满足。

我超越了自己，就想大喊一声

（2015-11-06）

可心在家、和熟人在一起还挺善谈的。特别是大点了之后，懂得多了一些，话题自然也丰富了，她还爱思考、有自己的看法，所以其实现在跟她聊天很有意思，跟个小大人似的。让人着急的是她在班里，几乎从不主动举手回答问题，我跟可心也谈过很多次，鼓励她、引导她，跟老师沟通给她创造一些机会，叫起来她也能回答问题，但还是不主动举手。

前两周班里班干部竞选，参与竞选的人得上去演说两分钟，她却非说她不敢上去，还说自己没有自信心、胆子小、害怕说话，标签贴了一个又一个。后来我哄她好歹先准备一下竞选词，以防老师万一叫她。等竞选的时候，她如果想上去就上去，不想上去就算了，我也不勉强她。她听话地准备了。到了竞选那天，其他孩子都上去讲了，她还坐在座位上不动呢。后来老师真叫她了，问她不想上去竞选一下吗，她拗不过面子，终于上台演讲了。同学投票的时候票数还可以，所以就竞选上了小队长。晚上回来我逗她："上台演讲可怕吗？讲不好有人打你吗？"她笑着摇摇头，说："也没那么可怕嘛。"我就趁机给她讲我原来也有些怕上台，人多的时候会紧张，但是后来我鼓励和锻炼自己，终于战胜了自己，现在我已经不紧张不害怕了。而且我现在就喜欢干超越自己的事，因为战胜自己特别有成就感。这段话可心还真听进去了。昨天晚上回来她说要告诉我几个好消息，一个是最近的语文、数学、英语考试她三科都是100，而他们班总共才几个人得100，二是她昨天举手发言了。我开玩笑地问她举手有人剁手吗，她说没有啊。我表扬她说："你最近进步很大啊，我让你这次考试考90就行，结果你都考100了。还主动举手回答问题，还竞选上了小队长，还参加了学校的科技周活动得了几个小奖章。"可心不好意思但又有些得意地笑笑，说："我战胜自己了！"我说："对，战胜自己的感觉如何？是不是很爽畅、很有成就感？"可心说："就是很高兴，想大喊一声。"彼时我们俩正在楼下，我说那咱俩一起喊吧。于是我们俩站在黑魆魆的院子里，用手卷成号角状，对着夜空大喊："嗨——嗨——！"喊完一起跑了。

晚上睡觉前，照例我们俩是要聊会儿天的。可心说她手上汗腺特别发达，因为一紧张就满手心的汗。我告诉她我小时候也是手脚都爱出汗，但是现在已经好了，因为我慢慢锻炼自己，让自己不再紧张。可心见过了我在台上主持或讲话的风采（夸自己一下啊），所以讲这些道理她是相信的，给她也树立一个信心，知道自己将来是可以完全战胜恐惧的。

经过这几件事，我相信，即使可心举手还是不那么积极，但她至少不会再有那么强烈的恐惧感了。

压岁钱计划

（2016-02-22）

过年前，我跟可心说让她计划一下她的红包怎么用，可心竟然跟我提出来要捐助两个山区孩子一年的午餐，这话出乎我的意料之外。去年我曾在微信朋友圈发起过一次通过腾讯公益平台捐助山区孩子一年免费午餐的活动，连我自己的共募集到860元钱，全部捐助给了免费午餐基金。我跟可心说过这个事，还借助网络图片跟她详细讲了山区孩子的生存状态，可心听得都流泪了。但是我以为她也就是当时被触动而已，没想到她竟然一直记着！而且在我问她关于压岁钱的使用计划时提出了这个方案！我问她是不是有点多了，可以只捐助一个孩子的。她说："不多，就是两个。"这真的让我很感动，一感动她这么善良有心，二感动她的舍得。

我同意了她的计划，这成了我俩的一个秘密。其后的回家过年之旅，对可心来说，除了玩就成了一次收集红包之旅。她其实一直对钱没概念，也从来没像这次那么看重和想拿到红包，甚至，为此她还改变了自己。可心跟生人不太爱说话，人家跟她打招呼她也甚少回应。以前别人用红包招她："来，给我拜个年，拜了年给你红包。"每当这种时候，可心总是理都不理地扭头就走，清高地让逗她的亲戚难堪。这次可完全不同，只要有人这么说，可心肯定跟人主动说新年好，虽然声音小得像蚊子，拿了红包之后，还不忘跟我相视一笑。我明白她的意思：“捐助的钱又多了一点！”以前她从没着急打开过红包，这次全部拿到就打开，因为她要在心里计算钱是否够她捐助了。大家开玩笑说可心怎么这么爱钱，只有我知道，我女儿不是爱钱，她是要给山区孩子的捐款攒钱呢！为此，她甚至愿意改变自己的脾性和习惯，这是多么高尚的情操！但是因为她要我保守秘密，所以我都不能为她辩解。

初十晚上十点我们才回到北京，一进家门，可心就把她所有的红包都拿出来数了，然后拿出1320元钱给我，让我赶快捐了，还特意挑出两张特殊的新币，让我给一个孩子一张。她不知道我通过手机的腾讯公益平台是无法把这两张新币给到接受捐助的孩子手里的，但是为了不让她失望，我说好，然后跟她一起完成了手机捐助程序。

之后我跟她要剩余的压岁钱，她竟然不给我了！说那是她的钱！刚才还慷慨如斯的小天使这会儿怎么突然变得这么吝啬了？被我好一阵追打，她才把剩下的钱给我了。其实我也是存入她的压岁钱账户了。

看着这个小小人儿一天天长大，而且这么善良有爱心，我真的好高兴！为你骄傲，我的宝贝！

作业趣事

（2016-03-07）

周末，老师要求写一篇作文，可心从周六早上写到周日晚上还没写完，我实在忍无可忍，训她几句，她倒回得挺快：“昨天我不是照顾你呢吗，你生病我照顾你一天，哪儿有时间写作业？”此话也有几分属实，我周五晚上开始胃痉挛，整个周六一天在家躺着，一直处于恶心呕吐状态。早饭和中饭基本都是可心自己准备的，虽然我忍着巨大的难受给予了必要的指导，毕竟饭是人家动手做的。到下午我看实在不行才打电话叫了个小时工，来收拾屋子，给可心做饭，帮我买药等。几次生病，可心发挥的作用都比她爸爸还大，因为他总是不在，倒水拿药都是可心照顾我的。

还回到写作文上来。话说回来了，就照顾我也不至于没时间写作文呀，纯粹借口。可心写作文总是特别慢，主要是难以进入状态。其实真进入状态，她写得还真不错，而且总是写得超过老师要求的字数，这说明她是有话说的，但是缺乏有效的整理，所以不知从何说起。我给她提了个简单的要求，就是我们新闻写作的要求“5W1H”，要求她在文章开始的第一段交代清楚什么时间（when）、谁（who）、在什么地方（where）、干了什么事（what），然后第二段说清楚这个事情是怎么干的（how），就是过程，以及为什么（why）要做这件事，最后一段写这件事的结果和意义。这么讲了之后，可心还是摸不着头脑，我只好又给她起个头，她这才逐渐厘清了思路，把脑子里那一大堆话捋顺了，一句一句写了出来，到最后竟然收不住，越写越多。

写的时候经常碰到不会写的字，一般能说清楚偏旁部首的，我都不给她写，说说左边是啥右边是啥，让她自己也有个动脑子的过程。说不清楚的才给她写到纸上。这天写作文的时候，可心问我五福临门的“临”怎么写，我觉得不好表述就给她写纸上了。可心看半天说：“你写错了吧？底下是一竖不是两竖！”过会儿又问我剩余的“剩”怎么写，我说一个乘法口诀的“乘”，右边一个立刀。结果又招她一顿说：“立刀有在左边的吗？你那不是废话么？”想想好像真是的，没见过立刀在左边的，虚心接受“老师”批评吧。

过会儿写数学，已经学到带有余数的除法了，我看她还不熟练，就好心帮她总结一下规律：“除数是几你就背几的乘法口诀，找到最接近被除数的那个数，就可以知道答案了。”说完正得意自己的总结精辟到位呢，没想到又招致批评：“最接近还比它小的数才对，比它大肯定不行吧。这样说才严谨！”哎呦，我的宝贝，我真的得对你刮目相看了，都懂严谨了！你说的没错，数学最重要的就是严谨，做学问最重要的也是严谨，你有这个认识，学习一定没问题！

真高兴看到宝贝的成长，即使我天天挨批评也高兴！

要教会不要代替

（2016-06-17）

前几天给可心读了一篇微信文章《有教养的孩子》，她听得很认真，而且我发现她真的听进去了。平时不太注意的吃饭呀、坐电梯呀、叫人呀，最近都有改观。有天吃完饭还特像回事的左手拿盘子接着，右手用用过的餐巾纸把桌子擦了一遍，然后放到厨房去了。以前我要求她饭后把碗筷放到厨房，可心偶尔能做到，当然大多数时候我也记不住提醒，所以就有一搭没一搭的，习惯一直没有养成。借着读完这篇文章的效果，上周我就跟可心商量，以后只要在家吃饭，如果爸爸也在，我们俩一个做饭一个刷碗，不用她干活。如果只有我跟她在家，那肯定是我做饭，饭后她来洗碗。我还趁机告诉她科学家研究的结果，常做家务的孩子聪明。可心欣然同意。当然这还有个背景：早前我给她讲过一个故事，说的是一个孩子的妈妈得了不治之症，这个妈妈在知道情况之后，就用强迫的方式在她最后的人生阶段教会了孩子做饭、洗衣、照顾自己等生存技能，因为方法粗暴，孩子很恨妈妈。多年后成人了，看到妈妈留给自己的一封信，才明白了妈妈的苦心。我讲这个故事的时候，可心哭了，所以我知道她现在经常帮我分担一些家务是因为内心深处心疼我，不愿意让我太累。

也正是从这个故事里，我才顿悟了教会孩子生存技能和照顾自己的能力，比起事事替孩子做好，前者才是真正的爱孩子。现在的狠心，是为了将来的好。父母总有一天要离开孩子，也不可能一辈子照顾孩子，替孩子安排一切。父母的责任、父母的爱的核心不就是陪伴和教会孩子在社会中生存的一切技能，然后放手让她去高飞吗?

从上周末开始，我们一共在家吃了三顿饭，可心都很自觉地刷了碗。其他时间都是她在托管班吃，而我在家吃。除了这三次之外，她还自己刷了带到学校的饭盆两次，以及我吃完饭懒得刷放在那儿的碗一次。这周也就这几天，基本都是她刷了。

父母的责任不是包办代替，而是陪伴和教会。所以，我打算继续狠心地放手，把更多的事情交给可心自己去做，越早让她掌握生存技巧、学会照顾自己，越对她有利，我也才越放心。

装傻充愣也是妈妈的必修课

（2016-10-13）

沟通能力是一项非常重要的能力，甚至重于学习，因为谁都避免不了跟人打交道，特别是工作以后，与人沟通的能力对一个人发展的影响要远远大于专业技术能力，所以，我要通过有意识地训练来加强和提高可心在与人交往方面的能力。

第一步就是先让她有伙伴、有闺密。可心小时候常玩的小伙伴有两个，这个数量太少了。而可心还只跟这两个人玩，如果下楼这两个人不在，她既不自己玩，也不跟别人玩，直接就回家了。我倒不是要求她一定要认识多少人，但我希望她具有开放的心态，不拒绝认识新朋友，能有各种类型的朋友，玩耍也可以有多种选择。首先，找玩伴。这个倒好解决，可心每天放学都上托管班，班里都是小区的孩子，有同班同级的，也有高一两届的。可心慢慢跟他们熟悉起来了，玩得还很开心。

第二步是找女的玩伴，发展闺密。因为现在经常跟她一起玩的两个都是男孩子，我并不反对跟男孩子玩，我甚至觉得女孩子跟男孩子多玩还能更大气一些，女人的缺点还能少一些，但女孩子一定不能没有闺密。借着开学认识了很多新同学的机会，我筛选了几个孩子家长都不错的，有意识地把他们往一起约，每天在楼下见，周末还约着一起出去玩。慢慢地，可心有了不少女同学，也都玩得挺好的。现在至少在我们小区有五六个闺密了吧。最关键的，可心的性格也越来越开朗活泼，表达能力提高了，表达的愿望也强烈了，有时候自己到楼下碰到其他同学，也能很自然地玩到一起了。

第三步是让她敢说话爱说话。可心其实是个很有思想的人，平时不太爱表达，但很放松地跟我在一起时说出的话经常让我惊讶，有我想不到的深邃和睿智。可是一见生人就完了，我感觉她在紧张的时候大脑是一片空白的，所以无论你跟她说什么她都没反应或反应很慢。以前碰到这种情况我都会很急，我的焦虑可能也对可心造成了心理压力。后来我注意调整心态，缓和情绪，不施压、不催促，主动帮她解围和缓和气氛，果然她慢慢地也敢说话了。据专家说，家长表现得太聪明会给孩子造成较大压力，反倒自信心表现不佳，因为孩子老怕说错做错。为了让孩子聪明、敢表达，我现在也偶尔装个傻，这个不懂那个不会的，启发她表达和探索，而且她一旦发现自己比妈妈还聪明的时候，对她是个极大的鼓励，自信心也大涨，效果还真是不错。

可心已经有了很多变化，我相信，只要坚持，可心一定能成为一个开朗大方、善于沟通的人。若如此，我苦心孤诣的设计寻找，每天下午饿着肚子在楼下陪玩、每天装傻充愣地引她说话的一番苦心就得到了最大的回报！

那是爱你不是爱我

（2016-10-13）

因为放假可心无人照管，所以姥姥姥爷又从西安来了。每天不辞辛苦地给可心做饭，在家照管，可是却并没有得到可心的感激和认同，除了俺娃不太懂事之外，还有很重要的一点就是姥姥太爱唠叨，管得太多。而且姥姥的很多要求按现在的生活习惯来说已经有些不太合适宜。比如，姥姥要求不准看电视、不准动电脑，这个我们平时也是不准或限制的。但放假了嘛，多少是要让看的，而可心一看就收不住，所以婆孙俩常为这事闹得很僵。再比如，可心同学来家里玩，孩子们会把东西弄得很乱，玩具摆一地，零食到处放，随地就坐，这些姥姥都看不惯。可是现在的孩子有个玩伴都很珍惜，恨不得把所有玩具都拿出来给朋友玩也可以理解，所以这也是个矛盾。开始姥姥一说，可心不愿意的时候还只是不高兴，甚至生气把自己屋门一关，后来就开始跟姥姥争执起来了。我怕对立再发展下去，关键是我也并不赞成姥姥的做法和要求，但是又不能支持孩子跟姥姥对着干。所以有一天，我就跟可心推心置腹地说："姥姥的有些要求呢，是不一定对，但是你不能用那样的态度跟姥姥说话。因为姥姥其实是非常爱你的，你一岁以后一直是姥姥在这儿看着你。四年啊，把西安的亲人和朋友都放到一边，在这儿把黑头发熬成了白头发，天天给你做吃的、看管你，还给你做了好多衣服。你小时候还把姥姥叫作咱家的大裁缝呢，那都是给你在做衣服啊。现在姥姥对你的要求其实也是为你好，只不过有些可能跟现在的社会要求不太一样，你可以很平和地给姥姥说‘我可以管好自己，你不用管了’，或者‘我会收拾好东西，你不用担心’，但是不能跟姥姥吼或者不理姥姥哦。”可心说：“我说了，可是她还是不听，不停地过来说我。”我又耐心地说：“姥姥管你是爱你啊，如果是不爱你的人才不管你呢。”可心说：“她才不是爱我呢，是爱你和钱！因为她老说别看电视了，费你妈多少钱！还说别糟蹋东西了，弄坏了又得你妈花钱买！”听了这话我忍不住笑了，这是姥姥的说话风格，难得的是可心从这话里竟然抽丝剥茧地听出了姥姥爱的是我而不是她！仔细想想还真有一定道理。姥姥疼爱外孙子外孙女，可不都是因为心疼自己的女儿，怕女儿太苦太累，希望为自己的女儿分担一些重担吗？要不老话说，外孙子都是白眼狼，姥姥白疼。看来孩子虽然小，说不明白其中的道理，但人家心里还是明白得很哪！

可心的诗

（2016-11-04）

因为可心，我现在很少出差，因为出差了怕爸爸带不好可心，也怕可心见不着我着急难过。但是赶上必须要去的差还是得出。上个月去武汉开会，因为我们杂志评上了“2016 期刊数字影响力 100 强”，我要去领奖，还有个论坛主旨演讲。这个必须去，就只好把可心放家，好在姥爷姥姥都在这儿，吃喝拉撒这些我就不用操心了，可心一定能得到无比周到的照顾。

从武汉回来之后，可心一切都好，我也高兴。某日，突然看见她日记本上有几首“古诗”，问是谁所作，可心说是她写的，我坚决不相信，因为从来没教过她诗或者古诗的写法，如果说接触也就是背背唐诗。但可心坚持说是她自己写的，后来跟姥爷一核实，还真是她写的，就是在我出差的第一天放学后，可心一个人坐在自己的书桌前，看着窗外沉思（此处需脑补画面），估计是想妈妈了，遂奋笔疾书。附录如下：

思念

遥看天边未有风，
沙尘一起外已黄。

如是亲妈在身边，

早已得到亲妈抱。

这是想我了，正好坐在窗前，看到外边的天气，有感而发。我个人最赞赏第一句，有大家风范。惊叹第三句还会用“如是”一词。更厉害的是知道以景抒情，先写景，而且是跟心情很契合的景，再抒情，那就顺理成章了。

凌晨

凌晨一起天已亮，

风吹大树共摇晃。

校内书声镇天涯，

场内哨声共回荡。

这首应该是写在操场晨练的时候听到和看到的，厉害之处在于知道押韵了，而且是1、2、4押韵，3不押韵，真是从没教过。看来“熟读唐诗三百首，不会写诗也会吟”不是假的。

儿童玩耍歌

楼内儿童共玩耍，

或是儿童起呐喊。

有的大胆跳岩石，

还有跳绳像飞鹤。

这首应该是写课间同学们在楼道玩耍的情景。跳绳像飞鹤的比喻太有想像力了。

迄今为止，可心写得最好的一首古体诗是我们从西安开车到三门峡参观完地坑院后，晚上入住天鹅湖宾馆，可心睡前一气呵成写的，没有任何人改过一个字：

世界

天下无穷大，
一人走天下。
晚看路边灯，
早看天边霞。

这首诗意象雄浑，大气磅礴，所表现的感情和思想境界早已超越了一个 8 岁小孩的高度，而且还押韵！我自愧不如。

姥爷看了可心写的诗，大为赞赏！赞叹说：“你娃不得了，看来在这方面有天赋，好好培养！”以前姥爷可从没这么夸过我们哪。

水彩写生《桃花开了》 绘画·姚楚卿

童言稚语

可心会说话啦

（2010-08-10）

两个月不见，可心长大了，无论是言行举止，还是个头外貌，都像个大孩子了。当然了，最大的进步是可心会说话了！

以前的可心也不是不说，但说的是单词，而且基本都是教什么重复什么。现在可不一样了，说的是话，虽然有时候主谓宾不全，有时候吐字不清，但是，听的人能感觉到，可心是在通过她的声音表达自己的想法啦！经常的，还会有一些出人意料的应对，那是她思考后的反应啊。

回来第一天，妈妈问："可心，你爱妈妈吗？"

可心答："爱！"

妈妈问："可心，你最爱谁？"

可心答："爸爸！"

妈妈做晕倒状，然后再问："可心，你最爱谁？"

可心答："爸爸！"

妈妈再做晕倒状，然后再问。如是者三，第四遍妈妈问："可心，你最爱谁？"

可心答："爸——妈妈！"然后咧着嘴坏笑不断。

还有一次，妈妈问：“可心，你最爱谁？”

可心满脸坏笑答：“爸爸！”

“还爱谁？”

“姥姥！”

“还爱谁？”

“阿姨！”

“还爱谁？”

“舅舅！”

“还爱谁？”如此问下去，可心把她所知道的称呼都说了一遍，就是不说妈妈，妈妈反应越强烈，她就越得意，还边说边笑地看着妈妈，到最后自己笑倒在地。

可心在

（2010-08-19）

昨晚，可心跟妈妈正坐在垫子上玩积木，突然打雷闪电，可心说："妈妈，怕！"

妈妈一边搂住可心一边说："可心不怕，有妈妈在。"

过会儿又打雷，可心说："妈妈，怕！"

姥姥在旁边说："可心不怕，有姥姥在。"

可心继续玩，过会儿又打雷，妈妈赶快说："不怕。"

可心接道："可心在！"

新娘子

（2010–11–30）

有天听到放炮，可心害怕。我安慰她说，不怕不怕，放炮是有人结婚了，娶新娘子呢。后来有一天出去吃饭，正好看到店里陈列了两套婚纱，就带着可心摸了摸，还给她讲了婚纱的用途以及结婚的一些场景。没想到，现在可心一听见放炮就口齿不清地说“有人结婚了，新娘子穿婚纱”。前几天晚上在家里玩捉迷藏，可心藏到纱窗帘的后边，出来的时候没用手撩纱帘直接就走了出来，于是纱帘就在她脸上、头顶从前往后地滑了过去，当纱帘最后在头顶停住的时候，可心也停了下来，纱帘就从可心的头顶向下垂下来，像戴了一个头纱一样。我们还没反应过来呢，可心突然说：“妈妈看！婚纱！新娘子！”从此，每次玩捉迷藏的时候，可心都会做出这样一个造型，然后兴奋地说“婚纱！新娘子！”

我是……

（2010-11-30）

可心最近迷上了一个游戏，就是角色转换。她已经不仅仅满足于当她自己了，常常想体会一下作为别人的感觉。

有天正在给她讲故事，可心突然指着自己说："我是小熊。"开始我没明白是怎么回事，她又强调了几遍，我才明白她是说从现在开始她就是故事里小熊的角色了。于是我喊："小熊！"可心脆生生地答："哎！"我按照故事情节跟小熊对话，可心都积极响应。玩得正高兴呢，可心又说："我是阿姨。"于是我就得叫她阿姨的名字，跟她就阿姨应该承担的工作展开对话，她又能以新角色的身份跟我交流。过一会儿，她又是妈妈，又是爸爸，又是姥姥，总之把她日常接触的人挨个扮演一遍，乐此不疲。上了一次亲子课之后，可心又迷上了扮演老师，每天在家说："我是老师。"如果有人叫她姚老师，那答应的叫一个脆！而且，本来正耍赖不听话呢，一叫姚老师，立马乖得不得了。

今天早上，可心有点感冒，时不常地流点清鼻涕。不知道她跟谁学的，流了鼻涕不说让人擦，还趁我们不注意的时候不是抡起袖子擦，就是跑到沙发跟前在沙发垫子上蹭，有时候还特坏地跑到我或者姥姥或者阿姨跟前，在我们的衣服上蹭，唯独不敢去她爸爸衣服上蹭。

吃完早饭，可心在沙发旁边的垫子上玩，我坐在沙发上看着她，爸爸也坐在沙发上，可心打了个喷嚏，我还没反应过来呢，她就特迅速地在沙发上蹭了一下。我说："可心，这样不对的，小狗才这样呢。"没想到可心接道："我是小狗。"过一会儿，突然冲我喊："小狗妈妈！"又冲爸爸喊："小狗爸爸！"哦，原来她是小狗了，我们就相应地成了小狗妈妈和小狗爸爸！

水彩写生《港口》 绘画·姚楚卿

等可心长大了

（2010-11-30）

以前可心想干个什么不该干的事的时候，或者想吃个什么不该吃的东西而我们又要当着她的面吃的时候，我们总是告诉她："等你长大了就可以吃了。"她虽然很失望，但也被迫平静地接受了这个事实。一段时间以后，有时候我们还没说呢，只是说这个你不能吃，她都会自己接上后半句："等可心长大了。"又过了一段时间，有一天突然看见可心自己拿着些什么东西在吃，我一个饿虎扑食扑过去，还没看清她吃什么呢，就听她理直气壮地说："可心长大了！"再仔细一看，原来是平时禁止她吃的糖。从此可心可算是有了正当理由了，想干个什么会被禁止的事情，想吃个什么被禁止的食物的时候，都理直气壮地说"可心长大了！"言下之意，她现在已经长大了，所以可以是不被禁止的。不过也有她不敢吃的，上次夹点辣椒给她，她就不上当，还说："等可心长大了。"

哈哈，这家伙！

彩泥手工《花与叶子》 创作·姚楚卿

我好孤单

（2011-01-12）

早上我起床的时候，可心还没醒，于是我悄悄地起来去卫生间洗漱。正洗着呢，听见可心喊：“妈妈！”我答应了一声，赶快拿毛巾擦脸，飞快地跑到床前，只见可心自己裹着被子耷拉着脸坐在床上，看见我，特委屈地说：“妈妈，你不在，我好孤单。”我当时就惊呆了，谁给她教的这个词？她竟然还会用了！才不到2岁半呢。

喊救命

（2011-01-12）

不知从哪个故事里得到灵感，可心最近喜欢上了一个“喊救命”的游戏，当我们都坐在那儿的时候，可心会搬个东西压在阿姨脚上，然后说：“阿姨喊救命。”阿姨喊：“救命啊！”可心立马过去，很神武地一脚把压在阿姨脚上的东西踢开，然后特自豪地站在阿姨跟前，仰着头看着她，等她说“谢谢可心”，之后她再来一句“不客气”，然后走开，这个游戏就算结束了。她开始只是和阿姨玩，也只是这样玩。后来时间长了，她不仅和我们大家挨个玩，还变出了新的花样。救完人之后还要加一句：“可心厉害吧！”

妈妈喝，给爸爸

（2011-01-12）

有天晚上可心爸爸还没回来，我们在客厅玩，阿姨让可心喝水，我顺嘴跟姥姥说我今天一天忙得都没顾上喝杯水。谁也没想到的是可心放下自己的杯子，打开电视柜下边的抽屉，从里边拿出一个纸杯，把她自己杯子里的水倒进去一些，颤颤巍巍地端到我跟前，说："妈妈喝。"这是多么好听的三个字！听得我满心的幸福和温暖，搂着可心亲了又亲。姥姥对可心说："你妈也算没白养你。"我们一鼓励，可心高兴了，又去拿出两个杯子，给姥姥和阿姨也一人倒了一点，端给她们喝了。过了一会儿，我们本来都开始玩别的了，可心像突然想起来似的，又跑过去拿了一个纸杯，我们都制止说不要了，可心却坚定地拿了杯子，坚定地倒了水，稳稳地放在桌子上，说："给爸爸。"虽然爸爸还没回家，但可心可没忘了给爸爸也倒杯水。

想与不想

（2011-01-20）

姥爷要来北京和我们一起过年了，姥爷姥姥终于可以团聚一下，我们都很高兴又很期待。在姥爷来的前一天晚上，我问可心："可心还记得姥爷吗？"因为夏天虽然回西安住了两个月，但小孩子的记忆，记得快也忘得快。可心说："不记得。"我说："啊？不记得了？那姥爷还带了巧克力呢。"可心立刻改口："记得。"我接着问："想不想姥爷？"可心答："不想。"我又说："呀，姥爷还带了很多好吃的呢。"可心又说："想。"我们都笑翻了。

人类的好朋友

（2011-01-20）

最近可心特别爱看一套书《我的第一本图鉴》共有六本，分植物和动物两大类，可心最喜欢看里边的野生动物、飞鸟和海洋动物这几本。每天晚上睡觉前都要让我给她念。我每念一个动物的介绍，开始她只是听，几天后她会在听了之后学学它们的叫声，或者学它们的一些典型动作。有一天，她在听完鲨鱼的介绍后突然问我："它会吃人吗？"我说："会。"她说我怕，我赶紧安慰了她几句。接着我又念了海豚，她又问我它会吃人吗，我说不会，她立刻面带微笑地说："人类的好朋友。"我还没听清，因为想不到她会说出这样的话来，我问了好几遍，她重复了几遍，并且说："它是人类的好朋友。"我这才听清了，小小脑瓜是怎么学的这句话？还活学活用的这么准确！

臭爸爸也要给他吃

（2011-01-20）

我原来在可心跟前从来不说不利于可心爸爸形象的话，甭管她听不听得懂。昨天可心爸爸让我很生气，所以今天早上给可心穿衣服的时候，她懒洋洋地躺在床上问爸爸呢，我说爸爸出差了，然后又说："等爸爸回来了，你批评他，就说他一天到晚不回家，回家也不跟可心玩，是个臭爸爸。"可心以前从不说臭爸爸或者坏爸爸这个词，今天不知道为啥就跟了一句臭爸爸。然后我又说："快起来穿衣服，咱们去吃姥爷带的好吃的吧，不给臭爸爸吃。"没想到可心接了一句："臭爸爸也要给他吃的嘛！"我倒！

爸爸像刺猬

（2011-01-25）

昨天可心爸爸出差回来，一进门就抱着可心，让可心亲他的脸，可心很不情愿地亲了之后说：“爸爸像刺猬。”原来爸爸的胡子没刮干净。我们问她，咱家还有谁像刺猬啊，她巡视一圈说：“姥爷！”

水彩习作《板栗》 绘画·姚楚卿

领导又催了

（2011-01-25）

每天上班从家走的时候，可心总是依依不舍。为了让我能顺利出门，阿姨就发明了一个方法，给我手机打个电话，然后说：“电话响了，领导催妈妈上班了，再不走，人家要扣工资了。”可心这才难舍难分地让我走。周末在家，有人打电话，手机刚一响，可心就问：“妈妈上班吗？”我告诉她今天不上班，在家陪她，让她放心。过了一会，手机又响了，可心说：“妈妈！领导又催了！”

再吃一块就有劲儿了

（2011-02-21）

上周末，带了一箱核桃回家。进门的时候，可心又和往常一样激动地想接过去，结果试了一下发现搬不动。等我坐到沙发上跟可心玩的时候，给了可心一块她最爱吃的巧克力，可心激动得不得了，立刻就吃了个满嘴黑。这时阿姨拿了些核桃，我们一起坐着吃核桃。过了会儿，我说："可心，再去给妈妈拿些核桃来。"可心犯懒，说："我搬不动。"我说就拿几个，不用把一箱都搬过来，可心还是不去。我问："那怎么样你才去拿呢？"可心立刻说："再吃块巧克力就有劲了！"哈哈，这家伙，真像姥姥说的，在吃这个问题上真灵醒！

反义词

（2011-02-21）

可心对文字的理解能力超出她的年龄，比如反义词，我们从来没有教过她，可是她好像知道的倒不少而且会用了。有一天可心爸爸把她举起来，可心在空中喊："妈妈看，可心高不高？"我说："高，那你看妈妈高不高？"可心说："不高，低！"当时我就很惊奇，谁跟她说过高和低是反义的呢？后来发现，她不仅知道高与低、大与小、香与臭、多与少，还知道前与后、黑与白、冷和暖。我以为她就是在日常生活中听到我们说这些词了，而且也听懂了我们在不同场合使用时的不同，没想到的是她竟然也知道这些词的意思是相反的！春节时姥爷从西安来北京和我们一起过年，姥爷很快就发现可心会说反义词，比如，姥爷说可心别吃了，你吃得太多了，可心会说："我吃得不多，太少了。"或者姥爷说可心看这个气球大不大，可心会说："大！"过一会儿，她又说："姥爷，气球变小了！"原来是气球漏气了。姥爷发现可心会说反义词后很惊奇，就特意把这些词挑出来，问："可心，大的反义词是什么？"可心说："小。"姥爷又问："香的反义词是什么？"可心答："臭！"就这样，可心在掌握了这些反义词之后，跟大人唱反调的能力也大大增强了！哈哈哈！

喝粥过大年

（2011-03-22）

周末晚上喝糯米粥，很黏糊很好喝。姥姥就想让可心多喝点，给盛了满满一小碗，可心自己拿着勺基本都喝光了。饱了，可碗里还剩一碗底，她就开始拿着勺子玩上了。把姥姥剁的一碗绿菜末（最近可心大便有些干，姥姥天天给可心剁一碗绿菜末，果然有所改观，但她也有些吃伤了，不主动吃，得哄着吃）舀了一勺，放在粥里，瞎搅和着玩。姥姥看到了，又心疼粥被糟践了，又心疼她剁的菜被糟践了。她就说可心："菜放到粥里粥就不香了，成了稀饭了！"可心很不情愿，冲着姥姥翻了一下眼睛，但没敢说啥。可心爸爸在这个时候不合适宜地说了一句："菜放粥里也挺好吃的。"因为在他老家是有这种吃法的。没想到可心立刻像有人撑腰似的接道："我就爱吃稀的！"好家伙，真会找辙儿。

搅和完了，尝了尝，果然不好吃。小滑头就舀了一勺菜粥递到阿姨跟前："阿姨吃吧。"阿姨说不吃，可心说："过年嘛！"不知道怎么冒出来这么一句！接着，可心又舀了一勺给阿姨倒到碗里，说："过个大大的年嘛。"阿姨又好气又好笑："我们没吃过啥，就吃你一勺菜稀饭就过个大大的年了？"

我说话算数

（2011-03-31）

可心已经学会讲条件了，晚上睡觉前让洗脚，她会说“讲一本书再洗！”可真等我给她讲完一本书了，她还是不洗，还会要求你再讲，直到我和她都在讲故事中睡着了为止。最近可心大便很干燥，所以每天下午都给她吃一碗绿菜末，开始还很爱吃，后来就腻了，于是当你给她喂菜的时候，她就说：“我等一会儿再吃。”就此把碗推到一边。可是等一会儿你再喂的时候，她还是这句话。后来我发现，凡是她不想干的事，她都会要么找出一个缓冲的条件，要么等会儿，最终的目的是想既不马上拒绝你，因为不愿意明着对抗，又使这事最终不了了之。这处理方法还挺高明的。几次之后，她再跟我讲条件，我就说她：“你说话不算数，不行！”前天晚上跟可心正玩呢，我听她不停地放屁，就把她抱马桶上坐好，然后问：“拉臭臭吗？妈妈扶着你吧。”哪知可心答：“讲一本书！讲一本就拉臭臭！”这也讲条件！我正苦笑不得呢，她又跟一句：“我说话算数！”

爸爸能找到路吗

（2011-03-31）

可心对爸爸的深厚感情就不多赘述了，有诸多事例。前天晚上，她突然想起来浇花了，于是拿着我给她新买的洒水壶各个屋子乱窜，最后到我们住的屋子了，花放在飘窗的窗台上，可心把洒水壶先放上窗台，然后自己爬上去，再拿起水壶浇花，这个动作顺畅、协调、利落。正浇着呢，她向窗外看了一眼，说："天都黑了。"然后又接了一句："爸爸能找到路吗？"因为那个时候可心爸爸还没回家，看到天黑了，她担心爸爸呢。

冰激凌

（2011-08-16）

可心非常爱吃冰激凌，但为身材与健康故，我总是控制着不给她吃，最近干脆不买了。昨天下班的时候，可心和阿姨在楼下玩，正好碰到可心爸爸下班回来了，阿姨于是回家做饭，可心就和爸爸在楼下玩。阿姨刚走，可心就一脸神秘、神采飞扬地跟爸爸说："爸爸，咱们去超市门口玩吧。"爸爸说："那儿有什么好玩的？"可心说："就是有个事情嘛。"爸爸不解："什么呀？"可心说："咱们去做游戏吧。"爸爸说："做什么游戏呀？"可心说："做购物的游戏吧。"爸爸心中暗笑，问："购什么物？"可心看爸爸一步步上钩了，得意之情溢于言表："就是那个那个嘛。"爸爸还是不解："什么嘛？"可心说："就是那个~"一边还做出手里拿着东西嗦的样子。爸爸带着可心到了超市，可心径直走到冰柜跟前，咂摸着嘴看看冰激凌看看爸爸，最后终于如愿以偿地买了一大盒冰激凌回家了。

我要去打工了

（2011-08-16）

阿姨的孩子在上海打工，还有个表妹在北京，他们经常通电话，阿姨也经常把他们家的一些情况说给可心姥姥听，可心都听到了，她把这些零散的信息在自己小小的脑瓜里进行了重组，于是最近就经常说：“我表妹在上海打工呢，我明天就去找她。”“我同学一会儿来接我，我要跟她去上海打工。”有一天，她甚至拿个纸袋子装了自己的几件衣服和几本书，提到东来提到西，一副要出门旅行的样子。有一天，家里来了个小朋友，两人一起玩着呢，不知怎么地两人就说起工作的事了，就听可心说：“我要去上海打工了，我去上班了。”那个小朋友显然没有这个思想准备，可能也从来没有讨论过上班的问题，甚至连打工这个词都不知道，就问“上班干啥呀？”可心说：“上班就是挣钱嘛。”估计这是我天天上班时以给她挣钱买东西为由而留下的概念了！呜呼！好可怜的孩子，小小年纪已经被钱的概念所左右，以后她对工作还会有美好的向往吗？悲哉！

我不喜欢你这样说话

（2011-09-21）

我大多数时候说话都很温柔，尤其对可心如此。对其他人说话比较平缓，语气铿锵，不容质疑。发急的时候说话语音重，语速快，经常带着不耐烦。不是有意如此，实在是不经意间地自然流露，我自己并不知道，但别人肯定感觉非常明显。有天晚上在家，我本来柔声细气地在跟可心说话，姥姥在旁边说了个什么，好像是什么东西又舍不得吃给放坏了一类，我就很不耐烦地说了几句话，应该是批评的语气，嫌他们老舍不得吃结果反倒造成更大的浪费。我刚说完，可心突然说："妈妈，我不喜欢你这样说话！"我一下子愣住了，这句话对我震动很大，看来我说话的方式确实有问题，从那儿以后，每当我想说些表达不满的话的时候，我就想起可心的这句话，它提醒我要注意别人的感受，用别人能接受的方式正确表达自己的想法。

老人吃咸的，小孩吃甜的

（2011–09–21）

姥爷有糖尿病，不能吃甜的，点心也得吃咸的。我们平时说的时候并没有在意，但可心都听在耳朵里记在心里了。有天，我给可心买了点心，她正吃得有滋有味呢，姥爷过来逗她：“可心，给姥爷吃点吧。”可心一本正经地说：“不行！老人吃咸的，小孩吃甜的。”她整合了自己记忆中姥爷在吃方面的特点，用三段论的方式推导出一个隐含的结论：老人吃咸的，小孩吃甜的；你是老人，我是小孩；这个点心是甜的，所以我可以吃，你不能吃。

在吃这个问题上，可心总是这么聪明。

还是停停车场吧

（2011-09-27）

周末带可心出去，开车经过一家味多美蛋糕店，她要吃，我就把车紧急停靠在路边，打算下去买了东西就走。好不容易贴了边儿，可心问：“妈妈，怎么把车停在这里啊？”我说：“咱们马上就走，这儿近。”可心皱着眉头说：“警察来了怎么办？会不会贴条儿啊？”我真没想到她能考虑这些问题，更没想到她怎么也这么爱操心啊。于是我敷衍道：“没事，就一会儿。”说完我就下了车，还到右边来打开车门让可心也下车，哪里想得到，可心不下车，继续皱着眉头说：“妈妈，还是停到停车场吧。”我好汗颜！

姥姥会说你的

（2011-09-27）

裴大姐给可心买了好多巧克力、奶酪，我带回家给她，告诉她是因为她上幼儿园乖，裴大姐奖励她的，她很高兴，吃了不少。晚上可心爸爸从成都打电话回来，可心特想爸爸，拿着电话哭得呜呜的。爸爸为了逗可心开心，就说："爸爸后天就回去了，回去的时候给你买巧克力，买冰激凌。"可心听了，一边哭一边说："你别买巧克力了，今天裴大姐给我买了很多，你再买，姥姥要说你了！"这家伙，哭着呢，还不忘给她爸爸通风报信。可能是爸爸买东西大手大脚遭到姥姥批评给可心留下的印象吧。

从一数到三十

（2011–09–27）

接可心回家的路上，想起老师交代要教孩子从一数到三十，知道可心早已经会数了，就考考她说："可心，你会从一数到三十吗？"可心说："会呀。"我说："那你数给妈妈听。"可心满脸是笑，开口数："一、二、三、三十！"我问："这就是一到三十？"可心一脸坏笑："是啊！"我无语！

我的乖女儿

（2011-10-08）

可心做了什么事情，如果你鼓励她，她会做得更好；如果你批评她，她不仅会生气还会故意去破坏。所以我就经常鼓励、引导她，把她多捧捧，捧到高处下不来，她就只好高标准严要求地做个好孩子了。有时候，我会说：“我的乖女儿，来帮妈妈拿个东西。”她就会很高兴地帮我，其实我说这句话是很随意的，想起来了就说，想不起来就不说，但是后来我发现可心很在意“我的乖女儿”这个头衔，凡是我以这个称呼开头说的话，她基本上句句都听。比如在她熟睡时叫起来小便，那是最招她反感的事，如果真有便意还罢了，如果没有便意那非暴躁如雷、飞脚踢人不可。但是每当我以“我的乖女儿”开头询问她要不要尿尿的时候，她总是非常配合地以点头或平静地摇头来回答我。

有一天，我说：“可心，你把你的玩具收起来好吗？”她没动，我又说一遍，她还没动，说：“妈妈，你说。”我莫名其妙：“说什么呀？”她用充满期待的眼神看着我说：“你说我的乖女儿。”我乐了：“我的乖女儿，你把玩具收起来好吗？”她欣欣然说：“好的。”然后乖乖地把玩具收好了。

水彩习作《遥望星空》 绘画·姚楚卿

我回老家了

（2011-10-08）

我们平时对可心说话都挺柔声细气的，但有时候她不听话，跟你对着干的时候，大人也挺生气，就会训斥她几句。姥姥和阿姨在说可心的时候，有时候还会以不管可心了，要回老家看别的孩子来威胁她。久而久之，可心就学会了。有一天，她不听话，我刚说她一句，她立刻紧蹙着眉头，用手指头指着我，大声喊道："你再不听话，我就不管你了！我回老家去了！"这句话把我们都逗笑了，她却仍然很生气地在旁边嘟嘟囔囔表达她的不满。

嫦娥今天穿了件蓝色的衣服

（2011-11-17）

某日下午去幼儿园接可心，一路堵车，回家时天已经黑了，前方一轮又大又圆的月亮低低地挂在半空，煞是清幽宁静，与地面一派熙熙攘攘的景象形成鲜明对照。可心有些不耐烦了，在车上吵吵闹闹。为了转移她的注意力，我说："可心快看，月亮！"可心看了看，问："妈妈，为什么月亮有点蓝呀？"我看了看，月亮是黄色的，但是因为太大太圆，离地面并不远，所以上面陨石坑的阴影看得一清二楚，发着幽蓝的光。这怎么给她解释呀？我只好说："不是蓝色，那是月亮上的阴影。"但是说完我也觉得这个解释很苍白，不知道她能否理解。没想到可心接下来说："可能是因为嫦娥今天穿了一件蓝色的衣服吧。"好强的想象能力！我怎么没想到？

爸爸为什么不干活

（2012-01-29）

春节前姥姥回西安了，铁厂奶奶、爷爷和姐姐来了，我们一起在北京过年。因为保姆阿姨也回家了，每天的家务就是很大的工作量。除了出去吃饭和走亲访友的时候，每天奶奶和爷爷一起做饭，我主动承担了洗碗和洗可心以及我自己的衣服、扫地、拖地、整理房间的工作，晚上带可心一起睡觉，有时候还跟奶奶一起做饭。因为可心爸爸放假几天都很有兴致地跟两个孩子做游戏、玩耍，我看着很开心，所以做家务虽然劳累也不觉得，还是很高兴很主动地干活。两三天后的一个晚上吧，我正在厨房洗碗，可心进去了，在我跟前蹭来蹭去，也不说话，但有一点点的不高兴，后来又非要帮我刷碗。实在没办法，我就把洗好的碗让她去冲干净。我看她不太高兴，就催她快出去玩去，别在厨房待着，她还不干。我又问她怎么了，为什么不高兴，可心说："为什么总是妈妈干活？爸爸怎么不干活？"我听了心里好温暖，我的女儿知道心疼妈妈了。我就撺掇她去问爸爸，谁知她不敢，正好这个时候爸爸进来了，可心还是不敢说，我就告诉了可心爸爸，爸爸赶快解释说自己干活了，都干了什么什么，可心才出去了。不过，从那天之后，可心爸爸真的主动洗了好几次碗耶！

不让妈妈老

（2012-01-29）

有天早上起床，我和可心躺在被窝里聊天，不知道聊到了什么，我说："可心，等你长大了妈妈就老了。"可心突然哇哇大哭起来，我问怎么了，她说："我不让妈妈变老。"

彩铅习作《火龙果》 绘画·姚楚卿

过大年，吃大餐

（2012-01-29）

可心对过年应该没有记忆，因为以前太小。今年对她来说就不一样了，知道“年”是一个与平时不一样的日子。在放假前，有几次可心逮着某个好吃的猛吃的时候，我就用“年”成功制约过她：“可心，马上要过年了，有好多好吃的，你现在可不能吃多了，要不积食了，到那个时候吃不了好东西怎么办？”可心在这个美好憧憬的激励下，竟然克制了自己好吃的欲望，一直没有积食。我们放假已经大年二十八了，早上一起床，可心一听说我放假不上班了，就大喊一声：“耶！过大年了！”在此后的几天里，只要我们出去吃饭，或者在家多炒一点菜，她就喊“吃大餐了”；只要一玩高兴了，就喊“过大年了”，逗得我们不亦乐乎。平时很少给可心吃糖，那天去刘姥爷家，可心放开了吃了不少糖，临回家还从人家拿了不少，装在自己裤子口袋里，可惜的是在回家路上她睡着了，糖都被我悄悄处理了。回家一睡醒，第一件事就是找口袋里的糖，不过没找到她也没哭，这一点是可心很可贵的一点。有天玩着玩着，突然又来一句：“过年真好！”不知道又是因何有感而发。

西安休假奶奶

（2012-01-29）

可心把姥姥在生活中是叫奶奶的，因为我们老家的习惯不怎么区分，都叫奶奶，所以可心可能有些糊涂。去年回铁厂的时候，对奶奶这个词她还很吝啬，不肯把一个“陌生人”叫奶奶（其实铁厂奶奶在北京待到可心一岁，但那时可心还没有记忆，后来就一直是姥姥，平时又叫奶奶，所以她认为奶奶就是这一个人）。不过后来也就慢慢习惯了，因为出去还要把很多人叫奶奶呢。但是习惯是习惯了，可怎么区分呢？这又是个难题。今年春节姥姥回西安过年去了，奶奶来了，两边老人的生活习惯不一样，可心还在逐步适应中。前几天奶奶给可心做荷包蛋吃，可心说不吃，问为什么，她说：“原来的鸡蛋可圆可圆了，这个鸡蛋乱七八糟的。”原来因为两个奶奶做荷包蛋的方法不一样，可心习惯了姥姥做得圆圆的整齐的鸡蛋，不喜欢奶奶做得乱乱的鸡蛋，好在她适应性很强，后来还是吃了。昨天晚上奶奶特意给可心炒了她最爱吃的荷兰豆，但是因为加了鸡蛋和酱油，鸡蛋黑黑的，也没有去掉荷兰豆的丝，所以吃起来有点渣子。可心犯脾气不吃，我问为什么，她说：“这个没有西安休假奶奶做得好吃！”奶奶没听懂，又问一遍，可心更大声地说：“西安休假奶奶做的鸡蛋不是黑的！”听的我们既好气又好笑，亏她发明的区分方法——西安休假奶奶！

又细又长的腿

（2012-03-14）

有天睡觉前，可心突然用手指戳着我的腿说："看你这个大粗腿！该减肥了！"我很坦然，我胖我承认，而且我自己也经常抱怨我的腿太让我失望，她学着说很正常。我问："那什么样的腿好看？"可心不假思索："又细又长的腿。"我又问："那咱家谁的腿是又细又长的？"可心略微思索了一下，特肯定地说："我的。"我差点喷了。想当年可心出生时，我最担心的就是她的身材随我，现在我最觉得对不起可心的，也是她遗传了我的大粗腿，没想到她竟然对自己的身材这么有信心？这不禁让我想起去年夏天我们去北戴河玩，有一次看当时游泳的照片，我无意中说了一句"看曼曼的腿又细又长的，可心的腿可不好看"，当时可心在旁边听到了，立刻脸就拉下来了，自此我再没敢做过这样的对比。但看今天可心对自己腿型的定位，怕是她还记着这事呢。

再买点辣椒

（2012-03-14）

前两天我去天津开会，因为可心爸爸也出差了，所以叫了一个朋友晚上来我家住，跟姥姥一起照顾可心。朋友来的时候买了一包酸奶，可心很高兴，进门拿了一盒就吃了。吃完之后问："阿姨，我们家有五个人，你怎么买了四盒酸奶啊？"阿姨说："桌上是四盒，你刚才不是还吃了一盒吗？"可心倒好说话，立刻承认错误："哦，我忘记了。"人家走的时候，问姥姥要不要买点菜回来，听说可心爱吃豆角，用不用给她买点，姥姥还没回答呢，可心先接话了："再买点辣椒吧，我爸爸妈妈都爱吃辣椒。"阿姨说你爸爸妈妈不是都不在吗，可心说："等他们回来吃嘛。"

她倒不见外！

我们农村

（2012-03-05）

因为可心的大姐姐结婚，我休了两周的年假回西安。景点哪儿都没去，就天天在家，不是在这个姐家就是在那个姐家，或者在弟弟家，最多也就是去对面的商场逛逛。有时候也着急，但看看父母一天天的变老，还是觉得在家陪陪他们吧，我们要逛以后还有的是时间。就这样，两周都糗在家了。

在去姥姥的老家三兆村的时候，一进村子，我们就逗可心："可心快看，你们农村怎么这么乱这么脏啊？"可心愤然道："这不是我们农村，这是奶奶的农村！"过了一会儿又有人逗可心，她更愤然地说："我都跟你说过三遍了！这不是我们农村！我们农村可整齐、可干净了，楼房可年轻了！"

老师是不是特别喜欢我

（2012-03-14）

原来的保姆阿姨因为家里有事没来，年后一直没有再找阿姨，但是有时候我有事不能接可心，所以老师就帮我送到家了。但是因为老师下班晚，可心要在学校等一个小时，等老师下班了才可以走，再坐公交到家，就比平时我接要晚一个半到两个小时才能到家。我心里很愧疚，觉得让她受苦了，对不住孩子。但另一方面又希望孩子得到一些锻炼，受点苦也许对她有好处。有一天，可心突然问我："妈妈，老师是不是特别喜欢我？"我问她怎么了，她笑着说："放学了，老师还让我在教室里玩，老师还送我回家。"看她这么理解晚回家这件事，我很欣慰。本来还在纠结对不对的一件事，在她心里竟然是一件很荣幸的事，那倒是一个意外的收获。

唐山大地震

（2012-03-19）

今早可心爸爸说他明天要去唐山，可心在旁边听见了接道：“我去过。”我说你啥时候去过，她说：“就是去年我们跟张阿姨李叔叔去摘柿子。”我纠正道：“那不是唐山，是房山，是有点像。”可心又接道：“哦，我糊涂了，唐山我也知道。1929 年唐山大地震。”我们全家都惊讶了，虽然年代说错了，但不知道我们什么时候提过的唐山大地震的事她竟然也记住了。

阳光和水

（2012-03-19）

昨天北京突降三月雪，早上一起床，可心就缠着爸爸带她下楼去堆雪人，愣是把爸爸从被窝里提溜起来跟她下楼玩去了。下午爸爸睡觉了，可心又兴奋地把我也拉下了楼。一个冬天她都在盼着下雪，终于看见了，虽然小了点，但也足够让人兴奋。

可惜的是，下午我们下楼的时候，雪已经融化得差不多了，路上已经没有了积雪，大部分草地上也露出了小草，只有背阴的地方还覆盖着薄薄的一层雪。院子里人并不多，楼东的空地上有个大人带着孩子在跳绳。可心出神地看了很久。那个孩子有六七岁，比可心瘦，绳跳得还真不错。看到有人这么专注地看，她倒有些不好意思，就停了下来，向别处走去。可心就又跟着人家往前走。看到这情况，我就叫住了那个小朋友，鼓励可心做了自我介绍，小朋友也介绍了自己叫婷婷，她们俩就一起玩去了。这在可心来说可是个大进步，以前她是那么胆小，我甚至担心她将来会不会有社交恐惧。最近她进步不小，特别是从西安回来后，胆子也大了，话也多了，也敢主动跟别的小朋友玩了，当然也淘气多了。我们走到一处向阳的草坡，这里的小草已经长出有两寸高，别的地方才刚刚冒出芽来呢。我就问："可心、婷婷，谁能告诉我为什么这里的草比别的地方的草长得高？”婷婷愣了一下，锁着眉思考。可心也愣了一下，说：“因为这里有阳光照着，下雪了，小草还喝了水，所以就长得高！”虽然语言不是很准确，但基本要素都答到了，这已经让我足够惊喜了。

标签设计《LOVE》 绘画·姚楚卿

我要当王后

（2012-03-19）

昨天从超市出来，可心突然问我："妈妈，是不是这个世界上根本就没有王宫啊？"我说："现在很少有，但并不是没有。以前有很多，还有国王、王后、公主和王子。"我顺便给她解释了一下国王、王后、公主和王子之间的关系。之后可心问我："妈妈我是谁呀？"我说："那你当公主吧。"可心跺着脚表示反对："不！我不当公主，我要当王后！"然后又补充道："妈妈你当国王！让姥姥当公主。"

这人物关系！我当时就晕了。

幸亏咱家有药

（2012-04-26）

我有咽炎，近年比较严重，稍不留意就犯。总觉得喉咙和舌根位置有什么东西，舌头也有肿的感觉。难受时我就吃点消炎药，会好一点，吃了热饭或者刺激性的食物就会严重点，我也没太在意。前天刷牙的时候，突然发现舌头中间有小米粒大的一个小疙瘩，硬硬的，也不疼。我让姥姥来看，我们俩同时说："不会是……"吓一跳，姥姥让我赶紧吃点消炎药看看。可心一听我要吃药，特利索地打开放药的抽屉，就在里边翻腾起来。这是她特喜欢干的一件事，上次我把手划破了，她就赶紧给我找创可贴，因为没找到药，急得都跟姥姥发脾气了，对妈妈的心还是很重的。在可心找药的时候，我逗她："可心，妈妈要得了……就完了。"正在这时可心找到药了，她把药塞到我嘴里，如释重负地说："幸亏咱们家有药，你不会得病了！"

还有领导

（2012-07-02）

周五晚上可心爸爸有应酬，我们睡觉的时候他还没回家。洗完了澡，躺在床上准备睡觉的时候，可心问我："爸爸怎么还没回来？"我说："爸爸有事。在陪客户吃饭。"

"吃吃饭，谈谈话？"可心问。

"是呀，吃吃饭，聊聊天。"

"那倒挺舒服的。"可心不无羡慕地说。

忍住笑，我又给她解释道："等你长大了就知道，工作中是需要跟不同的人应酬的，比如跟同事呀、朋友呀、客户呀，过段时间，在一起吃吃饭，聊聊天，沟通一下感情。"

"对呀，还有领导。"真没想到可心会补充这么一句，我刚才说的吃饭的人里显然少了最重要的领导啊，这倒提醒了我，多久没跟领导在一起吃饭了？怪不得领导不喜欢呢。

风是风筝的朋友

（2012-08-22）

小区北边新修了一条马路，很宽，但还没有通车，这里开阔、敞亮，没有蚊子，还有风，所以这个夏天就成了小区孩子们的乐园。我每天晚上都带可心去那里玩，有时候和她的好朋友们一起，有时候跟陌生的孩子，有时候就我们俩一起散步。有天晚上在那里玩沙子的时候，旁边有个爷爷在放风筝，是发光的那种。那天的风不是很稳，一会儿大一会儿小，于是风筝就一会儿往右飞，一会儿又往左飞，发光风筝好像很重，所以一会儿飞上去了，一会儿又掉下来了，摇摇摆摆的，很不稳定。可心看了一会儿，见风筝老上不去，就不想看了，在继续蹲下去铲沙子的那一刻，她说了一句：“妈妈，风是风筝的朋友，对吧？”说实话，我一下子没反应过来，就又重复了一遍才说对对对，她蹲着一边铲沙子一边又说：“有风，风筝才能上去。”

姥姥怎么这么周到啊

（2012-08-22）

前天晚上出去散步的时候，看见路边有卖葡萄的，突然特别想吃，但是没带钱。跟可心抱怨说："我想吃葡萄，可惜没带钱，好郁闷呀。"可心也表示赞同。没想到我们俩的谈话被卖葡萄的大姐听见了，她说："没事，先拿回去吃吧，明天再给钱。"我们俩兴冲冲地"买"了葡萄和桃子回家就洗了吃。我把葡萄皮剥了，给可心塞到嘴里，她嚼嚼再把籽吐到我面前的盘子里。吃了几个之后，我还没嫌烦呢，她倒不干了："妈妈，你把葡萄掰成两半，把籽取出来再给我。"我说："你也太懒了，这样吃，可以训练一下你的舌头，自己吃自己吐。"可心说："姥姥以前就是那样喂我吃葡萄的。姥姥怎么那么周到呀！"我说："我才不像姥姥那样惯你呢。"说完又递给她一个葡萄，可心不张嘴，说："我不吃这么不周到的葡萄。"

其实可心不懒，最近还特别爱干活。我吃完葡萄，她主动把盘子端去厨房，倒葡萄皮，还冲洗盘子。主动给我端稀饭，结果端一半烫得不行了，手一松，把稀饭倒了一手。好在饭不是最烫的时候，否则后果不堪设想。自己洗背心，洗得满地都是水，结果把自己穿的衣服弄湿了换了三次才洗完了一件背心。

男生简单女生复杂

（2012-08-30）

有天晚上我回去的晚，到了睡觉的时候，姥姥催可心去洗澡，当时姥爷还在看电视。可心不情愿去，就找辙呗：“姥爷怎么不去洗？”姥爷灵机一动说：“姥爷是男生，男生不用天天洗。”可心随后的一声长叹把姥爷姥姥都逗乐了：“唉，男生怎么这么简单，女生怎么这么复杂啊！”

我就是偏心眼儿呗

（2012-08-30）

为了让可心多吃饭，姥姥总是给她弄些她爱吃的，或者即使是一样的饭，也要在形式或者外貌上找点不一样的地方以吸引可心的注意力。以前碰到这种情况，我都尽量阻止姥姥这么做，因为我觉得这样会给孩子灌输一种她很特殊的思想。即使在孩子身体发育时期给予她物质上的特殊照顾，也不能在精神上让她有被特殊照顾的感觉，这是我的主张。所以每当姥姥这么做的时候，我都严词禁止，但姥姥还是我行我素。有时候，本来没有什么特殊的，她为了迎合可心鼓励她多吃也要找个概念让她觉得自己特殊，跟我的主张正好相反。对此我很苦恼，但也没有办法。姥爷来了之后，情况还是这样，但姥爷的处理方式就不一样了。每次这样之后，姥爷都说："可心，姥姥怎么这么偏心眼儿呀，总是给你弄好吃的？"可心第一次还想了想，以后就直接回答了："因为姥姥喜欢我呗。"这看似没啥变化，但时间长了，可心对姥姥的态度却发生了变化，对姥姥比以前更好了，也更亲近了。虽然我所担心的问题并没有解决，但至少改善了可心和姥姥的关系。有一天，我又炸了些虾仁，这是可心比较喜欢吃的，所以吃的时候她总是给自己盘子里夹好多。姥爷说："可心，你拿那么多虾仁是不是要给我们大家分呀？”可心愣了下，因为这不是她的本意，但她又喜欢做好事被表扬，所以最后还是有点勉强地回答是，姥爷接着又问：“那你怎么分呀？”可心拿筷子夹起一个给了我，又夹起一个给姥姥，又夹起一个给了姥爷，又夹起一个给了我！姥爷说：“你怎么多给你妈妈一个呀？”可心笑着说：“我就是偏心眼呗。”

彩铅习作《孙悟空》 绘画·姚楚卿

妈妈请喝水

（2012-08-30）

有段时间可心对姥姥的态度很不好，我挠头反思的结果是有我的原因。因为在教育和照顾可心方面，我和姥姥的观念差别很大，再加上我脾气比较急，经常因为不同意姥姥的做法而跟她急。还有的时候是心疼姥姥，想让她少干活，但她总是不听，我碰到这类问题时说服姥姥的态度就很缺乏耐心。孩子不了解我内心对姥姥的感情，只看到表面，跟大人学得可快了。意识到这个问题，我就特别注意了一下，不能给孩子带坏了，有时候还特意强化地给她做个表率。时间不长，可心就有了明显的变化，一是对姥姥好了，二是对我更好了，可能因为我每次纠正她时都会强调“姥姥是我妈妈”吧。前天下午下班回家，我跟大家打过招呼就回里屋换衣服去了，正换着呢，可心颤颤巍巍地端了杯水进来了，边走边说：“妈妈请喝水。”一口气喝干了水，心里好温暖！有次换衣服的时候可心还主动帮我拉上了窗帘，我的女儿好乖，真的长大了，知道心疼妈妈了！

第零漂亮

（2012–12–14）

有次在外边玩的时候，张颖阿姨以 iPad 为要挟，生逼着可心说出“张阿姨最漂亮”的话，后来等我来了，我们又一起逼问可心，到底谁最漂亮，可心纠结很久，终于想出两全其美的话：“妈妈和张阿姨都漂亮。”

前天晚上在家玩耍，可心拿着她的贴画说谁最漂亮就给谁，虽然张阿姨并不在场，但可心还是说张阿姨第一，我听了立刻佯怒，问：“那妈妈呢？”这回可心可不含糊，立刻答曰：“妈妈第零漂亮。”我和姥姥都笑翻在地，亏她想出这样的排序。但是我们没有放过她，继续追问：“姥姥呢？”可心答：“第三漂亮。”我问：“那第二怎么空着？谁第二漂亮啊？”可心笑答：“我！”哈哈！我的乖女儿，还给自己留了个位置！

自己的事自己做

（2013-01-06）

平时给可心讲一些做人的道理，或者对她的行为提些要求，赶上她心情平静、愉悦的时候，说什么都听得进去，而且还能头头是道地复述或者发挥一下，赶上不高兴的时候，她才不听呢。现在我发现她又会了一招儿，会拿我讲给她的道理来要求别人了。有天晚上回家，我切水果给大家吃，可能是可心特爱吃的吧，她坐我旁边不停地吃。姥姥在厨房做饭，我又切了一块递给可心说："给姥姥送去。"可心心里肯定不愿意，但她又不好意思说不，因为一直教育她要分享，特别是要求她要对姥姥好，所以沉默良久，可心终于想出一个理由："自己的事自己做嘛！"也不知道她是指我应该自己去送呢还是指姥姥应该自己来拿？

消化系统太着急了

（2013-05-21）

今天早上可心醒得特别早，大概 6 点钟起来上完厕所就没再睡，躺在床上跟我聊天。聊着聊着，她突然捂着肚子很痛苦地跟我说：“妈妈，我肚子好疼。”我吓一跳，问她是不是想拉臭臭了，她说不是，昨晚刚拉过，算算时间也应该不是。是不是肚子里有虫子？或者是受凉了？或者是饿了？她都否定了。正在我不知所措的时候，可心指着肚子上疼的地方问我：“妈妈，这里是不是消化系统？”我看她指的是胃的位置，就说是，那肯定是饿了呗。可心羞涩地一笑说：“不是饿了，是我的消化系统太着急了，着急吃东西。”

滑的像滑梯，粗糙的像树皮

（2013–05–21）

我换了一瓶新的晚霜，昨晚洗漱的时候，可心非闹着要抹，因为上面写着儿童勿用，就坚持没让她抹。结果她一生气把自己的擦脸油狠狠地挤了不少，除了涂得满脸之外还给两个胳膊也抹了不少。等我坐她对面跟她一块儿洗脚的时候，一抓她胳膊，哎哟，那叫一个滑，油腻腻的。我顺嘴就说："你的胳膊真光，就像绸子一样滑。"可心说："绸子是什么？"我只好解释一下，可她还是不明白，我又说："像缎子一样滑。"可心又问："缎子是什么？"我再解释，她还是不明白，我又说："像油一样滑。就像你吃完肉或者用手抓了菜之后，手上沾了油那样滑溜溜的呗。"可心恍然大悟地说："哦，像滑梯一样滑呗。"完了还不忘摸一下我的胳膊说："你的胳膊真粗糙！像树皮一样！"这臭孩子，真会气人，不过话说的多准确，比喻恰当啊。

我环游世界去了

（2013-08-30）

中旬带可心去兰州，到达当天下午，我们在酒店刚一安顿好，就先去吃了碗正宗的牛肉拉面，可心自己不仅吃了大半碗拉面，竟然还吃了二两左右的牛肉！饭后到我的母校兰州大学转转，之后在宾馆花园转，五星级宾馆环境很不错，我们俩闲庭漫步，遥望星空，凉风习习，真是惬意。可心突然感慨道：“妈妈，真凉爽、真自由啊！”我问何有真自由之语，可心轻松地叹气道：“没有姥姥管着！”

在兰州几天，可心玩得很高兴。从机场出来，可心兴奋地跟我说：“妈妈，我感觉我环游世界了！”回家后几天，可心还沉浸在环游世界的兴奋中，有天有小朋友问可心干嘛去了，怎么几天都不见，可心答：“我环游世界去了！”

我是高管

（2013-08-30）

可能是在不经意间，在可心面前提过高管这个概念，为了让她理解，就说相当于他们幼儿园的院长妈妈，并说我们单位的谁谁就是高管。有天我要去开会，可心问我："都谁参加？"我说你不认识，她问："是你们的三个院长妈妈都参加吗？"

晚上洗完澡躺床上，可心要个东西，我说你自己去取吧。没想到，这家伙斜靠在被子上，对我说："你去！我是高管，你就得听我的！"当时我就崩溃了，在单位有高管管着，回家还有高管管着！姥爷听说了之后说："在咱家姥姥是高管。"可心接道："姥姥是管理员。"之后几天，我才理解了姥姥这个管理员是干啥的。可心一有东西找不到，就说找管理员，原来姥姥只是个库房管理员！

人生为什么这么苦

（2013-10-10）

节前出国，把可心送回西安半个月，3号接回北京，可心天天像个棉花糖一样黏着我。可能对上幼儿园还余惧未消，特别不想上学，所以从回家的第一天，她就每天一问："妈妈，还有几天上幼儿园啊？"每当我回答之后，她都会感叹："时间怎么过得这么快呀？"

假期的最后一天晚上，可心又被我催着去洗漱时，她突发感慨："妈妈，人生怎么这么苦呀？"我立刻提高警惕："人生不苦啊，我觉得咱们的生活挺幸福的呀。"可心愁眉苦脸地解释道："苦！明天你就得上班，我又得上学。"本着时时传播正能量的原则，我很兴高采烈地说："上班不苦呀，我觉得上班很有意思，有很多乐趣。你上学也不苦呀，能学到很多知识。"可心又问："学知识有什么用？"我说："学了知识，你就有能力，可以去认识、了解这个精彩的世界了！"可心说："没意思，上了学还得上班！"一句话，把我的努力都白费了，人生的圆圈就这样画出来了？

白毛巾

（2013-10-10）

把可心放到西安，我要走的那天下午，又郑重其事地跟她交代了一下妈妈不在的注意事项，可心说："妈妈，给我找个手绢吧，你走了，我要是想你了就捏捏手绢。"我知道这是她在那套汤姆的故事书里看到的办法，就同意了。只是没找到手绢，就给她找了个毛巾。我以为她也就是说说而已，没想到这还真成了她寄托思念的方法。据说，在我走的那天下午，可心一直攥着那个白毛巾，怎么都不撒手，还老用它擦眼睛，还说："看，毛巾都湿了。"姥姥不明就里，老想把毛巾从可心手里要过来，结果可心把毛巾在水管弄湿后藏了起来。姥姥到处找不到，晚上可心睡着后才在衣柜里找到了湿漉漉的白毛巾，把舅妈的衣服都弄湿了。后来到二姨妈家住，第一天晚上，可心睡到半夜，突然醒来，大哭，要白毛巾。可怜二姨妈背着她满屋子找，卧室、客厅，累得一身汗，找到了才止住哭，搂着又睡着了。第二天，睡到半夜又醒来要找白毛巾，好在没有哭，二姨妈给讲道理，白毛巾没找到也就算了。后来几天渐渐淡忘了这事。按可心回到北京后的说法，"前四天我特别想你，我就捏捏白毛巾。后来我适应西安了，就不想你了"。

我不是你的女儿吗

（2013-10-10）

可心从西安回北京是她爸爸去接的，我下班去地铁站接他们。我们一见面就抱到一起，久久都没撒手。后来实在抱不动了，才把可心放到地上，我们勾肩搭背地往家走。我问："可心，在西安过得快乐吗？开心吗？"

"快乐，开心。"

"跟哥哥玩得好吗？"

"好！"

"那以后放寒暑假，妈妈就把你送到西安，跟哥哥玩，行吗？"

"那你去吗？"

"妈妈陪你住几天，然后我就回来上班，你在那儿跟哥哥玩呗。"

"不行！"

"为什么？你不是在西安过得很开心吗？"

可心沉思一会儿，说："那我不是你的女儿吗？"哦，原来，无论开心与否，女儿就是要跟妈妈在一起！我紧紧地搂了一下我乖女儿的小肩膀。

看看我的这个傻妈妈呀

（2013-11-14）

育儿专家说，要培养孩子的独立自主意识和自理能力，家长就不能过分照顾孩子，应适当放手，给孩子锻炼的机会。家长还不能太聪明，要学会示弱装傻，逼孩子自己想办法解决问题。我家的人从我父母到我到可心，凡事以天下为己任，吃苦卖力勤劳进取有余，都不会示弱。意识到这一点，我就时刻提醒自己要注意示弱，要给孩子创造表现的机会。比如，我们俩一起做个手工碰到一些不太难、估计可心能够自己解决的问题，我也学会了说："哎呀，可心，这个问题怎么解决？我好像不会。"可心过来一看，鼓捣两下解决了，好开心。她常在这种时候得意地说："这么简单的问题你都不会？哎哟，我的傻妈妈！"如是几次之后，她就认定了我是她的傻妈妈，很多问题自己不会，都得仰赖她的帮助。"哎哟，我的傻妈妈"也就成了她的口头禅。有次在张阿姨家，她又成功解决了某个"难题"之后，又无奈又充满了爱又带点小得意地跟张阿姨说："哎哟，你看看我的这个傻妈妈呀！"

如果我的傻，能换来我女儿的自立自强和自己思考解决问题的能力，我愿意一辈子傻下去。

不许幸灾乐祸

（2014-01-07）

还是在张阿姨家，可心吃东西吃得满脸都是，像个小猫，我们都看着她大笑。可心开始不知道怎么回事，还傻乎乎地看着我们笑，后来突然明白了是笑她，而且是嘲笑，立刻拧眉竖目、双手叉腰，张嘴呲牙，对我们一个狮吼，说："不许幸灾乐祸！"

牙是我的，你怎么知道

（2014-01-07 15:44:56）

可心刷牙一直不太认真，每次就刷两三下，就漱口要上床，我说："可心，你多刷会儿，你这根本没刷干净。"哪儿知道她迷迷糊糊竟然冒出这么一句："牙是我的，你怎么知道没刷干净？"然后噘着嘴一脸不高兴地上床睡觉去了。

我只是个普通的五岁女孩

（2014-05-09）

在微信上看到一条信息，一个妈妈为了给女儿讲清楚如何保护自己，以及遵守规则、礼貌等要求，就在给女儿讲故事的时候把大量的故事进行了改编，把希望女儿知道和遵守的一些规则植入到故事中，以故事中公主守则的形式灌输给女儿，女孩子都希望自己是个公主嘛，所以她女儿严格地按照这些规则执行，不仅保护了自己，还成长为一个懂礼守则的好孩子。看了之后，我觉得这个方法挺好，咱也每天讲故事呢，就尝试了一次，讲的时候可心倒没什么反应，跟听一个普通故事一样接受了。我还以为此法很好，暗自得意。可第二天，当我要求可心按照某项要求去做的时候，她不干。我说："人家公主都是这样做的，你也是公主，怎么能不做呢？"可心圆睁着她的那两个大眼睛，一字一顿地对我说："我只是个普通的5岁女孩，我不是公主！"我立刻无语了。我咋就不能当个公主的妈呢？！

你那叫做饭吗

（2014-05-09）

周末在张阿姨家吃饭，我夸人家厨艺好，人家谦虚一下说只是做得多而已，我就说我也每天做呀，怎么没你做得好。人家就问可心："你们家是你妈做饭吗？"可心说："是我爸做饭。"我急了："你爸一个月才回来几天？就那几天还不一定在家吃饭呢，竟然说你爸做？你每天晚上吃的都是谁给你做的？"可心说："你那叫做饭吗？"我真没想到这熊孩子能说出这样的话来！不过也是实情，在去年 8 月 31 号姥姥回西安后，我们俩就开始实施减肥计划，每天晚上尽量少吃，我只做一个菜，喝的几乎永远都是牛奶麦片粥，偶尔做点汤面条，周末我们会正经做顿早饭和午饭，这不也是征求可心意见后我们达成的共识吗？没想到在她心里我这就不叫做饭了，她爸爸一个月回来几天大铺大盖做的那两顿才叫做饭！看来数量还真的是打不过质量的。

哪儿想到晚饭的时候，可心又给我找补回来了。张阿姨让她吃菜，我说多好吃啊，多吃点。可心说："难吃死了，我妈做的才好吃呢。"又给我一个大惊喜，给了张阿姨一个大大的打击！张阿姨问我做什么菜了这么好吃，我很心虚，说："最近晚上都是白水煮菜。"张阿姨愤愤不平了："你妈妈做的白水煮菜都比我炒的菜好吃？"

礼尚往来

（2014-05-09）

母亲节快到了，到处都是关于节日的宣传。我问可心："你打算节日那天送我一个什么礼物呢？"可心说我没钱啊，怎么买？我说："你可以不用买啊，其实我最希望你送我的礼物就是你给妈妈画幅画。"没想到这家伙懒成这样："我不想画。太麻烦了。那你送我什么呢？"我说是我的节日，又不是你的节日，为什么还要我送你礼物？她的回答相当有水平："礼尚往来嘛。"

后记：昨晚可心吃晚饭的时候，我们又讨论了母亲节的话题，她之后拿碗装了山核桃仁、几个蓝莓和面包藏到储藏间了，我假装没看见。我知道她是想在母亲节那天给我来个床上早餐，因为她刚刚看过的贝贝熊书里，在母亲节那天，小熊兄妹和熊爸爸是准备了蓝莓土司的床上早餐为熊妈妈庆祝节日的。期待那天可心的创意！希望蓝莓不会坏！

妈妈好鱼 chun，爸爸好好 ya

（2014-10-08）

前天晚上因为写作业姿势的问题说可心，说得我都烦了。又数落了几句。可心看我生气她也生气了，但是知道自己不对，她也不敢说什么，就气哼哼地拿了张纸去画她的气愤去了。开始还不让我看，后来看我笑呵呵没有生气的样子，才给我看了。一张 A4 纸，上边除了她发泄情绪画的道道外，还写了两句话：“妈妈好鱼 chun，爸爸好好 ya”。我笑问为什么这么写，她说：“妈妈训我，爸爸不说我。”看我没生气，她又来一句：“妈妈，我今天又进步了吧？”我问什么进步，她说：“我把心里的话表达出来了呀。”说得对，虽然对妈妈的评价跟事实不符，但人家敢说心里话了，确实是一个很大的进步！

只是可怜了老母亲，天天为你操碎了心，啥都为你着想，恨不得把自己的肉给你吃了，换来的却是“好鱼 chun（三声）”！

一声叹息！

你们喝酒还爽了呢

（2015-01-15）

前天晚上可心做作业，有道题的要求我也不是很明白，就给老师发了个信息询问一下，结果一直到睡觉老师都没回复。第二天早上起来一看，老师半夜 1 点半回复了。我感叹道："老师真辛苦，这么晚还在判卷子！"可心爸爸接道："啥事一旦作为职业都不容易，我还经常陪客户喝酒到半夜呢。"可心说："那不一样，你们喝酒还爽了呢。"言下之意，老师更辛苦。

我再画一张

（2015-01-15）

还是前天晚上，可心带回了几张在学校美术课上画的画，确实画得不错，我就选了三幅在微信朋友圈发了一下，结果点赞和评论过百。有几个朋友说要抢购向日葵的那张，我告诉了可心，开玩笑地说让他们竞拍，已经拍到100万了。本来就是为了鼓励鼓励她，逗逗她。可心一听说自己的画有人愿意出100万购买，惊讶得嘴都合不上了，张着大嘴呆了半晌，回过神儿来立刻说："那我再去画一张！"随后边画还边算"一张100万、两张200万……五张我就有500万啦！"这家伙，小小年纪就这么爱钱！

这是你应该做的

（2015-03-18）

可心爸爸今年不用再去外地了，大多数时间都在北京。本来他就喜欢做饭，自从他回来，每天的早饭都是他做，我们偶尔在家吃晚饭，也基本是他做，进步大大的。即使不做饭的时候，在家也是乐呵呵的，跟他以前比真是翻天覆地的变化。有时间，他也会和可心玩一会儿，特别是前两天我跟他说可心在外边跟人家交流少，是因为我们仨在家就交流互动少，大多数时候都是自己干自己的事，也就是特定的时候我跟可心说说话，但也基本是单向的，双向的很少。我跟他说了之后他回家已经改变很多，经常没话找话地跟可心逗两句。又是一个进步！

前天晚上，他做了饭，我们仨吃完之后，他对我说："你洗碗吧，我手破了。"我说行。可心在旁边说："不行！你洗！"这是对她爸说的。她爸就问："为什么？我做饭了呀。"可心说："那是你应该做的！"她爸只好点点头说："好吧，我应该做的，那我接着洗碗吧。"可心与我相视一笑："耶！"这可真不是我教的，是她自己琢磨的。

还是一家人在一起好

（2015-04-16）

可心爸爸出差一直到上周末才回来，20 多天都不在家，可心肯定还是想爸爸的，只是她不说也不善于表达。凡是爸爸在的日子，每天早上都是他起来做早饭，我就不用那么急急忙忙地赶着又是做饭又是催可心起床，而且他做饭总是做得多，像顿正餐一样。昨天早上可心起床后迷迷瞪瞪地蹲马桶，我已经收拾好了，就过去给她梳头。边梳头我们俩边聊天（为了让她清醒）。我说："看，还是你爸爸在家好吧，要是他不在家，妈妈急急忙忙的，只能给你做个简单早餐，牛奶、煎鸡蛋、馒头，可是你爸爸在家就不一样了，他早上还给你炒了两个菜呢！"可心虽然不是特清醒，但还是很清晰地说："还是一家人在一起好！"这高度，一下子就上去了。我转述给她爸爸，她爸爸一下子无语了，估计也是心有所动吧。

统治力

（2015-05-26）

有天晚上可心给我抱怨，她在学校已经擦了两个星期的地了。我就问他们每天打扫卫生是怎么分配的，她说："每周三个组负责中午打扫卫生，每天中午吃完饭，由张益新和韩欣然分配谁扫地、谁擦地。"所谓擦地就是用抹布把地面擦干净，可心不愿意干，但每天都是她擦地，而且因为换座位，她已经连续两个星期擦地了。我告诉她如果她确实不想擦地，可以跟分配工作的两个同学说，但是她不敢说。为了换个话题，我就问她，为什么让这两个同学分配工作？是轮流的还是一直是她俩？可心想了想说，因为她俩比别人有统治力！统治力这个词我还是第一次听说，不过，意思我猜得懂。我惊讶的是可心本来是不懂领导力或者组织能力这类词的，但是她能把这种意思总结出自己的一个词，而且感觉、意思都到位，这就是语言能力。

交流的困境

（2015-05-26）

每天都提醒自己不要发火，有话好好说，对孩子的教育要循序渐进，不能着急，但有时还是忍不住着急发火。有天因为写作业磨蹭，又跟可心发了顿火，然后发完了自己又觉得不合适，于是再解释找补找补。抒完情了，我说：“妈妈也不想跟你发火，也想每天都温柔地跟你说话，但是你总是把我逼得发火，你说为什么呀？”本来是想接着说是因为你不听话，结果我刚一停顿还没说呢，她倒接上了：“因为你不喜欢我，不爱我了。”说完趴桌子上哇哇大哭。我还真没想到她会这么想，赶紧又搂着她安慰并保证，妈妈永远都爱你，无论你多不听话，但是妈妈也希望你各方面都好，这样我也好喜欢你。不知道这样解释清楚了没？所以我们常常在跟孩子交流的时候陷于一种鸡同鸭讲的境地，我们是想表达怎么样才能让孩子更好，孩子理解的却是你没有认可我的努力；你想表达严格要求，孩子理解的是你不爱我了。其实不仅仅是对孩子，社会交往中的很多时候，我们都会陷于这样的一种产生误解的交流方式，从而给自己、给对方带来困惑。

怎么才能走出交流的困境呢？

这样说合适吗

（2015-05-26）

上周可心学校举办了一个自主时间活动，就是某天在学校有一个小时的时间老师不安排活动，由孩子们自己决定自己干什么，去图书馆读书，或者去操场运动，或者在教室阅读或玩耍，只要不出学校、不干危险的事情，想干啥干啥。可心回来很高兴，觉得这一天过得真开心。我觉得之所以她感觉这么特别，是因为平时在学校她太紧张了，总是自己给自己很多限制，而且老师的要求可能别的孩子不当回事，但是她却特别在意遵守，所以也才比别人更渴望自由。活动结束，老师让写感想，可心竟然自己举手了，老师也指定了她。晚上回来，我先让她把自己的想法说了说，最后的结论是自主时间这个活动挺好的，希望以后天天都有，因为想干啥就可以干啥，没人管，平时老师管得太多了。我说你说得挺好的，就把这些话写下来就可以。可心拿着笔犹豫了一会儿说："这样写合适吗？"我反问有什么不合适的，她说："因为说了平时不好。"这小小人儿，考虑得还挺周全的呢。

因为你想休息了

（2015-05-26）

上周三早上起床，不知道怎么的就老觉得是周五。一直在按周五安排自己一天的生活，突然醒悟是周三，重新捋捋思路，过一会儿又开始按周五安排，还差点就把钢琴课、书法课的一应物什儿都带上了。吃早饭的时候就跟可心念叨了几句：“我怎么总是把今天当成周五了呢？”可心妙答：“因为你想休息了。”想想还真是的，之所以喜欢周五，不就是因为马上就到周末可以休息了么。

你发火的时候像个疯子

（2015-05-26）

又说到发火的话题，不想是不想，但总避免不了。上周某晚，一切都如常进行，到最后一个环节还是卡壳了。该洗漱然后上床睡觉的时候，可心也不知道哪根筋儿不对了，也没生气，就是躺床上不去洗漱，而且穿着抱了一下午鸭子的脏衣服就躺床上了，还往被窝里钻！好说歹说都不起来，我从床这头追到床那头，又从床那头追到床这头，她倒不急不气，但是我的火却越来越大，终于忍不住爆发了，大大地发泄了一通，就差动手了。已经10点钟了，可心还是不急不气的样子，甚至在我冲她咆哮的时候还笑嘻嘻的，一副油盐不进的样子。我火更大了，但还是没辙，只好自己先去洗漱，不管她了。洗完我躺床上自己睡了，那天我是真生气，直到躺床上还气呼呼的，也真的不再理她。后来可心终于去洗了，我关了床头灯，黑咕隆咚地躺着，气愤难平。她从卫生间出来，关了卫生间灯，屋里很黑，我也没给她开床头灯，是真生气。可心摸索着爬上床，躺到我身边，自己拉被子躺下。我听她呼吸平稳，动作也很平缓，显见得一点都没动气啊，平静的很。躺下两分钟吧，估计她的眼睛也适应了黑暗，能看清周围了，突然坐起来，把我的被子拿过来给我盖上了。

在她给我盖被子的一瞬间，我这个惭愧啊，我给她发了那么大的火，还故意不给她留灯，可她呢，不仅不生气，还不计前嫌地给我盖被子！天天说我爱她，其实她爱我才真的是最纯粹的！感动之余，我的气也都消了，当她又躺下睡的时候，我终于忍不住愧疚，过去抱着她，对她说了道歉的话。结果我这一道歉，可心的委屈大爆发了，抱着枕头哇哇地哭，她使劲憋着，肩膀一抖一抖的，我怎么劝都不行，就那样抱着枕头哭了半个小时。看来是真委屈，再加上我一道歉她不好意思。可怜的宝贝，妈妈确实不该发脾气，以后一定改！第二天早上我又跟她说起这件事的时候，没想到她已经没脾气了，而且还很形象地说："你发火的时候，头发一甩一甩的，像个疯子，真可笑！"

生活真幸福啊

（2015-05-26）

周五我有事，可心爸爸接她，接了后去超市购物，回家后俩人又热又累，可心爸爸说："我发现冰箱里有冰激凌，咱俩一人来一个？"可心当然同意，这是我平时不让她吃的。痛快地吃完了，可心主动坐到爸爸旁边，靠在他身上（一般爸爸出差时间长回来她还得熟悉一段时间才跟他玩呢）由衷地说："生活真幸福啊！"

看，我们多容易满足！

再买套房吧

（2015-09-15）

有天可心跟我一起散步，经过小区西北新盖的刘孟家园。可心突然说："这个小区还不错哦。"然后接着说："妈妈，咱在这儿再买套房吧。"我不解，问为什么。可心说："给姥姥住啊。"我说你不是不喜欢姥姥吗，姥姥下周就回去了，你也不用烦她了。再说了，姥姥如果在这儿就住咱家呗，反正咱家房子也住得下。"可心说："我是烦姥姥，她老管我、说我，我实在受不了了。可是她又会做好吃的啊。如果回去我就吃不上了。再买个房，让姥姥住，她就可以把好吃的做好了，然后隔着栏杆递过来。"这番话都把我逗乐了，这家伙，为自己设计的还挺周到的！末了，还不忘叮嘱我："你回去可别告诉姥姥哦。"

我回去偷偷告诉了我妈这段话，姥姥乐得哈哈大笑。姥爷笑着说："咋这么会为自己考虑呢！"到姥姥走的那天，临出门了，姥姥说："就得把我这双手留在这儿，给我娃做好吃的。"听得我想流泪，可怜天下父母心！姥姥姥爷真是全心全意为子女一味付出，甚至也不计较孩子的不满，更不奢求孩子的感激，真正的只有付出不计回报。

我的理想

（2015-09-15）

有天姥爷和可心聊理想的话题，远的讲这个名人那个名人，近的讲妈妈、舅舅、姐姐、哥哥。然后姥爷问可心的理想是什么，可心很神往地回答："我的理想就是每天躺在床上睡觉，睡醒了就吃，吃完了再睡。"我笑问："那不跟猪一样了？"可心一点都不见怪，说："就是啊，当个猪挺好的呀。"逗得大家哈哈大笑。看来在可心心里，目前阶段最重要的是吃，难道她每天都没吃饱吗？在孩子的心里，没有成见，对事物的看法不受大人固有概念的影响，只有喜欢和不喜欢。好吧，那我只好先满足一下我家小猪的愿望，尽量让她吃得饱吃得好。

唯一的担心是更胖，怎么办？

因为我相信你说的话都是真的

（2015-11-06）

昨晚我们俩玩闹，时间到了我让可心去洗洗睡，她却磨蹭着不去，我说那你先读书，我去烧水。她说不行，你得先给我读书。我俩打了会儿嘴仗，她问我：“你怎么那么着急去烧水，你是爱我还是爱烧水壶？”我逗她：“当然是爱烧水壶。”她脸色小变，但还坚持着又问一遍，我又回答一遍。她哇的一声就哭了，我赶紧安慰她：“我是跟你开玩笑的，你难道听不出来吗？”可是她说：“因为我相信你说的话都是真的。”这话真的让我心疼了。面对小小孩儿的信任，看来我得更注意啦。

你都不爱自己的孩子还爱工作

（2015-11-11）

现在小学的放学时间不知道是怎么设计的，特别别扭。一周5天，两天12:50，两天3:30，一天4:10。无论哪个时间，正常上班的父母都不可能去接孩子放学。姥爷姥姥早已经回西安了，所幸还有托管班。从可心上学第一天开始，就是托管班每天接她放学，然后在那儿写作业、吃晚饭。下班之后我去接她在院子里疯玩到七八点再回家，然后看书、休息、洗洗睡，这就是可心每天的生活规律。可心对我和她爸爸不能去接她放学一直耿耿于怀，隔段时间就得说道说道。前几天又愤愤不平地问我："妈妈，你为什么就不能每天去接我？"我答："因为我要上班呀。"又问："为什么别的孩子妈妈就可以不上班去接她？"答："因为也许人家不用上班就可以养家啦。我不上班你吃什么？""还有我爸呢！""如果只有你爸的钱，你就只能吃饭和穿衣服，不能出去旅游啦。"答完又一想，还得继续传达正能量："其实除了赚钱养家之外，我还喜欢我的工作，热爱我的工作，当然要好好上我的班了。"可心答："你都不爱你自己的孩子还爱什么工作？！"这话真是惊到我了，一时不知如何作答。嗫嚅半晌，才弱弱地问一句："我怎么不爱自己的孩子了？""你都不接我还爱啥呀？”这话从何说起呢，谁说了爱就一定得天天接呢？这小屁孩，虽说对外话不多吧，但在我跟前这言辞犀利、用语老道的劲头可真是让我有点招架不住了。

思考几日，终于想出应对之策。某日她又问，我只答一句就堵住了她的小嘴儿。问：“妈妈，为什么你跟我爸都不能每天接我？”答：“谁让你爸你妈都是老总呢，老总都忙！”自那日之后，至今还没再问过。小样！看看姜是老的辣还是嫩的辣！

不过，还是要补充一句，无论接不接你，妈妈对你的爱都是一样的！

彩铅习作《兰花》 绘画·姚楚卿

让他睡个自然醒吧

（2016-01-20）

终于放假了，每天早上不用急急忙忙地起床、吃饭，赶着去上学了。刚放假的第一周，每天一睁眼就8点半、9点了，着实享受了几天自由自在的好日子，睡到自然醒的滋味真是不错，神清气爽不说，一整天都不困。

有天早上又是一个自然醒，可心说："妈妈，我饿了。"我说："叫你爸，他在家他做饭。"可心没说什么，但是也没叫。以前她要饿了，我说叫你爸，她就直接喊了，每次喊完她爸脆脆地答应："哎，好嘞！"可心就得意地一笑，说："他就听我的！"又等了一会儿，可心还是没喊，我就催她："叫你爸呀，怎么还不喊？"她说："算了，让他也睡个自然醒吧。"我说："嘿，还挺心疼你爸的。"可心跟一句："那我不心疼你吗？我也挺心疼你的呀。"我还能说什么呢，为了我有这么一个挺会心疼人的小可爱，赶紧起来做饭吧。

你能不当那么大的官吗

（2016-01-20）

可心一直耿耿于怀我不能每天去接她，各种角度地问和磨叽，就是希望我能去接她。后来经过我的几次分析解释，终于接受了她妈妈是一个单位的第一责任人这样的定位，所以她只能接受她的妈妈不能每天接她放学的事实，因为妈妈一上班就得全心全意地投入工作，管好单位事情。这小小人儿接受了自己妈妈的工作，不再闹腾了，也不再义愤填膺了。但，其实心里还是有点小小不甘的。

有天晚上，我们俩一起洗脚的时候，我跟她说第二天早上我要早走去开一个会，因为我要主持那个会，还要讲话，不能迟到。所以有可能在她醒来之前我就已经走了，当然爸爸会陪她在家，到时间也会叫她起床，给她做早饭，送她去上学。可心听了之后有点不太乐意，眼泪汪汪地答应了，默不作声地洗脚。良久，她抬起头，可怜巴巴地看着我，睁着泪汪汪的大眼睛，怯生生地问："妈妈，你能不当那么大的官吗？"我一时语塞，就我这芝麻绿豆官，在我女儿眼里竟然都是那么大的官了。估计是因为我跟她强调了工作的重要性，强调了这个职位应该担负的职责，才让她从责任反推，认为自己的妈妈是一个负有极大责任的大官！就为了这个，我也得更努力地工作，负好自己的责任不是？